名言佳句

康永红 编著

吉林文史出版社
JILIN WENSHI CHUBANSHE

图书在版编目（CIP）数据

名言佳句 / 康永红编著. -- 长春 : 吉林文史出版社, 2023.10

ISBN 978-7-5472-9504-5

Ⅰ. ①名… Ⅱ. ①康… Ⅲ. ①格言–汇编–世界 Ⅳ. ①H033

中国国家版本馆CIP数据核字(2023)第117537号

名言佳句

MINGYAN JIAJU

出版人 张 强

编 著 康永红

策划编辑 吕玉萍

责任编辑 钟 杉

封面设计 韩海静

版式设计 郭红玲

出版发行 吉林文史出版社有限责任公司

地 址 长春市净月区福祉大路5788号出版大厦

印 刷 德富泰（唐山）印务有限公司

开 本 670mm × 960mm 1/16

印 张 16

字 数 216千

版 次 2023年10月第1版

印 次 2023年10月第1次印刷

书 号 ISBN 978-7-5472-9504-5

定 价 59.00元

目录

01 哲理 / 001
02 命运 /021
03 生命 / 031
04 自由 / 041
05 谦虚 / 047
06 友谊 / 056
07 相逢 / 069
08 善良 / 072
09 意志 / 075
10 青春 / 081
11 坚强 / 096
12 奋斗 / 099
13 力量 / 105
14 精神 / 110
15 榜样 / 118
16 励志 / 121
17 拼搏 / 132
18 勇敢 / 140
19 个性 / 149
20 尊严 / 157
21 感悟 / 161
22 进取 / 168
23 读书 / 170
24 知识 / 178

㉕ 时间 / 181
㉖ 乐观 / 184
㉗ 道德 / 189
㉘ 尊重 / 193
㉙ 爱国 / 196
㉚ 成功 / 200
㉛ 爱情 / 204
㉜ 幸福 / 214
㉝ 理性 / 221
㉞ 劳动 / 226
㉟ 理想 / 233
㊱ 目标 / 239
㊲ 努力 / 243
㊳ 诚信 / 245
㊴ 习惯 / 248

01

哲理

可能有广采各家之言的哲学家，但却没有采纳各家之言的哲学。

——歌德

人的生命，似洪水奔流，不遇着岛屿和暗礁，难以激起美丽的浪花。

——奥斯特洛夫斯基

现实是此岸，理想是彼岸，中间隔着湍急的河流，行动则是架在河上的桥梁。

——克雷洛夫

在命运的颠沛中，最可以看出人们的气节。

——莎士比亚

我想希望是本无所谓有，无所谓无的。这正如地上的路；其实地上本没有路，走的人多了，也便成了路。

——鲁迅

希望是厄运的忠实姐妹。

——普希金

正如恶劣的品质可以在幸运中暴露一样，最美好的品质也是在厄运中被显示的。

——弗朗西斯·培根

生活的全部意义在于无穷地探索尚未知道的东西，在于不断地增加更多的知识。

——左拉

必须如蜜蜂一样，采过许多花，才能酿出蜜来。

——鲁迅

生活的情况越艰难，我越感到自己更坚强，甚而也更聪明。

——高尔基

一个人的价值，应当看他贡献什么，而不应当看他取得什么。

——爱因斯坦

人需要真理，就像瞎子需要引路人一样。

——高尔基

君子喻于义，小人喻于利。

——孔子

谁要是游戏人生，他就一事无成；谁不能主宰自己，永远是一个奴隶。

——歌德

大自然就是一册完好的教本，一粒花种种入地里，由发芽至成长、开花、结果，若日日注意考察其生长状况，则所得何尝不胜读一册自然教本也。

——竺可桢

辛勤的蜜蜂永远没有时间悲哀。

——威廉·布莱克

过去属于死神，未来属于你自己。

——雪莱

如果我曾经或多或少地激励了一些人的努力，我们的工作曾经或多或少地扩展了人类的理解范围，因而给这个世界增添了一分欢乐，那么我也就感到满足了。

——爱迪生

战士是永远追求光明的，他并不躺在晴空下面享受阳光，却在黑暗里燃烧火炬，给人们照亮道路，使他们走向黎明。

——巴金

在这个世上，最古老的就是最年轻的。

——岛崎藤村

世界上有两种人，一种人虚度年华；另一种人过着有意义的生活。在第一种人的眼里，生活就是一场睡眠，如果在他看来，是睡在既温暖又柔和的床铺上，那他便十分心满意足了；在第二种人眼里，可以说，生活就是建立功绩，人就在完成这个功绩中享到自己的福。

——别林斯基

对于我来说，生命的意义在于设身处地替人着想，忧他人之忧，乐他人之乐。

——爱因斯坦

人的价值是由自己决定的。

——卢梭

假如生活欺骗了你，不要悲伤，不要心急！忧郁的日子里需要镇静：相信吧，快乐的日子将要来临！

——普希金

善于利用零星时间的人，才会做出更大的成绩来。

——华罗庚

想摘玫瑰花的人必须注意刺。

——波斯民间谚语

行谨则能坚其志，言谨则能崇其德。

——胡宏

谨慎和自制是智慧的源泉。

——罗伯特·彭斯

真正有学识、有涵养的人，是不会刻意炫耀自己的。

——大卫·汉生

点燃蜡烛照亮他人者，也不会给自己带来黑暗。

——杰斐逊

真正的伟人从不自视伟大。

——赫兹里特

虽有戈矛之刺，不如恭俭之利也。

——荀子

自满者，人损之；自谦者，人益之。

——魏徵

同王公于堂皇中显渺小，贤达则在谦虚中见伟大。

——雪莱

愚昧和无知不是生存的最大障碍，傲慢才是。

——中国民间谚语

谨慎的人很少出差错。

——中国民间谚语

人们要发展自己，首先要虚心向别人请教。

——武者小路实笃

浅薄无能的人比谁都自高自大。

——中国民间谚语

机会和运气永远站在谨慎者的一边。

——欧里庇得斯

在顺境中要节制，在逆境中要谨慎。

——佩里安德

慎终如始，则无败事。

——老子

强辩者饰非，谦恭者无争。

——林逋

尺有所短，寸有所长；物有所不足，智有所不明。

——屈原

人的一生是短的，但如果卑劣地去过，这短的一生就太长了。

——莎士比亚

光荣的路是狭窄的，一个人只能前进，不能后退；所以你应该继续在这一条狭路上迈步前进，因为无数竞争的人都在你背后，一个紧随着一个。

——莎士比亚

享受着爱和荣誉的人，才会感到生存的乐趣。

——莎士比亚

宽宏大量是唯一能够照亮伟大灵魂的光芒。

——雨果

名气就像某些特别鲜艳的花儿一样，含有毒性物质。

——巴尔扎克

一个人快乐舒畅地做了今天的工作，同时快乐舒畅地迎接明天的工作，是应该受到人们的赞扬和鼓励的。

——狄更斯

劳动是一种创作。

——高尔基

能够把我们的才能使用到现实上面，这就是幸福。

——巴尔扎克

事业是栏杆，我们扶着它在深渊的边沿上走路。

——高尔基

对别人的意见要表示尊重，千万别说你错了。

——戴尔·卡耐基

多听少说，接受每一个人的责难，但是保留你的最后裁决。

——莎士比亚

信仰，是人们所必须的。什么也不信的人，不会有幸福。

——雨果

人类是天生社会性的动物。

——亚里士多德

我相信进步，同时我又十分相信人类具有决定幸福的能力。

——海涅

人类犹如一支浮标，任何风浪也无法使它沉没。

——梭罗

你可知道，人类总是高估自己所没有的东西的价值。

——萧伯纳

人有一颗产生感情的心，一个能思维的脑，一条能说话的舌。

——雪莱

不登高山，不知天之高也；不临深谷，不知地之厚也；不闻先王之遗言，不知学问之大也。

——荀子

不知则问，不能则学，虽能不让，然后为德。闻之不见，虽博必谬；见之而不知，虽识不妄；知之而不行，虽敦必困。

——荀子

独立思考的能力是科学研究和创造发明的一项必备才能。在历史上，任何一个较重要的科学上的创造和发明，都是和创造发明者的独立、深入地看问题的方法分不开。

——华罗庚

人的天才只是火花，要想使它成为熊熊火焰，就只有学习，学习！

——高尔基

有教养的头脑的第一个标志就是善于提问。

——普列汉诺夫

我的努力求学没有得到别的好处，只不过是愈来愈发觉自己的无知。

——笛卡尔

学问是异常珍贵的东西，从任何源泉吸收都不可耻。

——阿卜·日·法拉兹

学习是劳动，是充满思想的劳动。

——乌申斯基

天然的才能好像天然的植物，需要学问来修剪。

——弗朗西斯·培根

人不是靠他生来就拥有的一切，而是靠他从学习中所得到的一切来造就自己。

——歌德

把学问过于用作装饰是虚假；而完全依学问上的规则去断事则是书生的怪癖。

——弗朗西斯·培根

游手好闲的学习并不比学习游手好闲的好。

——约·贝勒斯

求学的三个条件是：多观察、多吃苦、多研究。

——加菲劳

学到很多东西的诀窍，就是一下子不要学很多。

——约翰·洛克

世界上最快而又最慢、最长而又最短、最平凡而又最珍贵、最容易被忽视而又最令人后悔的就是时间。

——高尔基

先相信自己，然后别人才会相信你。

——罗曼·罗兰

否定意志的自由就无道德可言。

——爱比克泰德

每个人生下来都要从事某项事业，每一个活在地球上的人都有自己的生活中的义务。

——海明威

应该笑着面对生活，不管一切如何。

——伏契克

人真正的使命是生活，而不是单纯地活着。

——杰克·伦敦

睁眼看着玫瑰花的人，也能看到它的刺。

——泰戈尔

生活是一种锻炼灵魂的东西。

——勃郎宁

风度是我们天性的微小冲动。

——席勒

当你没有空休息的时候，就是你该休息的时候。

——西德尼

人人都在生活，但是只有少数人熟悉生活，只要你能抓住它，它就会饶有趣味！

——屠格涅夫

人的生活像广阔的海洋一样深，在它未经测量的深度中，保存着无数的奇迹。

——别林斯基

一个伟大的灵魂，会强化思想和生命。

——拉尔夫·沃尔多·爱默生

世界上只有一种英雄主义，那就是在认识生活的真相后依然热爱生活。

——罗曼·罗兰

内容充实的生命就是长久的生命，我们要以行为而不是以时间来衡量生命。

——塞涅卡

野蛮人过着他自己的生活，而社会的人则终日惶惶，只知道生活在他人的意见之中，也可以说，他们对自己生存意义的看法都是从别人的判断中得来的。

——卢梭

人啊！还是靠自己的力量吧！

——贝多芬

不漠视过去、不毁弃过去、不向过去倒退，而是发奋向前、积极向上，为未来开辟新的前景。

——尼克松

古今中外，凡成就事业、对人类有所作为的人，无一不是脚踏实地、艰苦攀登的结果。

——钱三强

自强像荣誉一样，是一个无滩的岛屿。

——拿破仑

路要靠自己去走，才能越走越宽。

——居里夫人

我就是我自身的主宰。

——普劳图斯

我愿独立自主，照自己的意愿过生活；凡是我自己需要的，我欣然接受；我不需要的，我就绝不希求。

——车尔尼雪夫斯基

良好的性格、良好的习惯和坚强的意志是不会被假设所谓的命运击败的。

——本杰明·富兰克林

形成天才的决定因素应该是勤奋。有几分勤学苦练，天资就能发挥几分，天资的充分发挥和个人的勤学苦练是成正比例的。

——郭沫若

地不耕种，再肥沃也长不出果实；人不学习，再聪明也目不识丁。

——西塞罗

诚实的人必须对自己守信，他的最后靠山就是真诚。

——拉尔夫·沃尔多·爱默生

我宁愿以诚挚获得一百名敌人的攻击，也不愿以伪善获得十个朋友的赞扬。

——裴多菲

走正直诚实的生活道路，必定会有一个问心无愧的归宿。

——高尔基

山川满目泪沾衣，富贵荣华能几时。不见只今汾水上，唯有年年秋雁飞。

——李峤

人类的希望像是一颗永恒的星，乌云掩不住它的光芒。特别是在今天，和平不是一个理想、一个梦，它是万人的愿望。

——巴金

感情有着极大的鼓舞力量，因此，它是一切道德行为的重要前提，谁要是没有强烈的志向，也就不能够热烈地把这个志向体现于事业中。

——凯洛夫

与人以实，虽疏必密；与人以虚，虽戚必疏。

——韩婴

人要是惧怕痛苦、惧怕种种疾病、惧怕不测的事情、惧怕生命的危险和死亡，他就什么也不能忍受了。

——卢梭

诚实的人从来讨厌虚伪的人，而虚伪的人却常常以诚实的面目出现。

——斯宾诺莎

一个有坚强心志的人，财产可以被人掠夺，勇气却不会被人剥夺。

——雨果

在学习上，做一个勤手勤脑勤眼的人，就可以成为有学问的人。

——吴晗

不要将过去看成是寂寞的，因为这是再也不会回头的。应想办法改善现在，因为那就是你，毫不畏惧地鼓起勇气向着未来前进。

——朗弗罗

工作上的信用是最好的财富。没有信用积累的青年，非成为失败者不可。

——池田大作

闲散如酸醋，会软化精神的钙质；勤奋像火炬，能燃起智慧的火焰。

——土耳其民间谚语

不管发生什么事，都请安静且愉快地接受人生，勇敢地、大胆地，而且永远地微笑着。

——罗莎·卢森堡

瓜是长在营养肥料里的最甜，天才是长在恶性土壤中的最好。

——弗朗西斯·培根

在人生道路上，谦让三分就能天宽地阔。

——戴尔·卡耐基

没有任何动物比蚂蚁更勤奋，然而它却最沉默寡言。

——本杰明·富兰克林

天才就是百分之九十九的汗水加百分之一的灵感。

——爱迪生

金钱和时间是人生两种最沉重的负担，最不快乐的就是那些拥有这两种东西太多，多得不知怎样使用的人。

——约翰生

勤劳一日，可得一夜安眠；勤劳一生，可得幸福长眠。

——达·芬奇

唯天下至诚，方能经纶天下之大经，立天下之大本。

——孔伋

如果你浪费了自己的年龄，那是挺可悲的。因为你的青春只能持续一点儿时间——很短的一点儿时间。

——王尔德

我们一定要自己帮自己。

——霍普特曼

时而言，有初、中、后之分；日而言，有今、昨、明之称；身而言，有幼、壮、艾之期。

——刘禹锡

最糟糕的是人们在生活中经常受到错误志向的阻碍而不自知，直到摆脱了那些阻碍时才能明白过来。

——歌德

自不诚，则欺心而弃己，与人不诚，则丧德而增怨。

——杨时

喜欢读书就等于把生活中寂寞的时光换成巨大享受的时刻。

——孟德斯鸠

没有加倍的勤奋，就既没有才能也没有天才。

——门捷列夫

春蚕到死丝方尽，人至期颐亦不休。一息尚存须努力，留作青年好范畴。

——吴玉章

时间应分配得精密，使每年、每月、每天和每小时，都有它的特殊任务。

——笛卡儿

真诚是通向荣誉之路。

——左拉

说谎话的人所得到的，就是即使说了真话也没有人相信。

——伊索

必须记住：我们学习的时间是有限的。时间有限，不单指人生短促，更由于人事纷繁。我们应该力求把我们所有的时间用来做最有益的事。

——斯宾塞

今天应做的事没有做，明天再早也是耽误了。

——裴斯泰洛齐

记住吧：只有一个时间是重要的，那就是现在！它所以重要，就是因为它是我们有所作为的时间。

——列夫·托尔斯泰

勤勉，不浪费时间，每时每刻做些有用的事，戒掉一切不必要的行动。

——本杰明·富兰克林

精神的浩瀚、想象的活跃、心灵的勤奋，就是天才。

——狄德罗

懒惰像生锈一样，比操劳更能消耗身体；经常用的钥匙，总是亮闪闪的。

——本杰明·富兰克林

昧着良心做事是不安全、不明智的。

——马丁·路德

信用就像一面镜子，只要有了裂缝就不能像原来那样连成一片。

——阿米尔

诚无不动者，修身则身正，治事则事理。

——杨时

善于选择要点就意味着节约时间，而不得要领的瞎忙，就等于乱放空炮。

——弗朗西斯·培根

真正的敏捷是一件很有价值的事，因为时间是衡量事业的标准，如金钱是衡量货物的标准一样。

——弗朗西斯·培根

不要停顿，因为他人会超过你；不要反顾，以免摔倒。

——阿·雷哈尼

始终不渝地忠实于自己和别人，就能具备最伟大的才华和最高贵的品质。

——歌德

失足，你可以马上又站立；失信，你可能永难挽回。

——本杰明·富兰克林

如果落日的余晖照射着你的双手，你发觉它们当天并没有做过有价值的事情，那你就应当把这一天看作已经失落。

——爱德华·杨格

虚伪永远不能凭借它生长在权力中而变成真实。

——泰戈尔

要正直地生活，别想入非非；要诚实地工作，才能前程远大。

——陀思妥耶夫斯基

言无常信，行无常贞，唯利所在，无所不倾，若是则可谓小人矣。

——荀子

我们不得不饮食、睡眠、游玩、恋爱，也就是说，我们不得不接触生活中最甜蜜的事情，不过我们必须不屈服于这些事物。

——居里夫人

在劳力上劳心，是一切发明之母。事事在劳力上劳心，便可得事物之真理。

——陶行知

哪里有天才，我是把别人喝咖啡的工夫，都用在了工作上。

——鲁迅

爱人者，人恒爱之；敬人者，人恒敬之。

——孟子

一个人活在世上，应该时时刻刻讲真话。

——莎士比亚

同情，使软弱的人觉得这个世界温柔；使坚强的人觉得这个世界高尚。

——阿诺德

虚伪是丑恶向美德的一种进贡。

——拉罗什富科

真者，精诚之至也，不精不诚，不能动人。

——庄子

我是世界的公民，应为人类而生。

——诺贝尔

本性流露永远胜过豪言壮语。

——莱辛

世间好看事尽有，好听话极多，唯求一真字难得。

——申居郧

一个人绝不应为自己在坦率上所犯的错误感到后悔。

——亨利·詹姆斯

在一切道德品质之中，善良的本性在世界上是最需要的。

——罗素

人与人之间，只有真诚相待，才是真正的朋友。谁要是算计朋友，等于自己欺骗自己。

——哈吉·阿布巴卡·伊芒

真实与朴实是天才的宝贵品质。

——斯坦尼斯拉夫斯基

太阳既不会夸大，也不会缩小，有什么就照出什么，是什么样子就照什么样子。

——高尔基

真实之中有伟大，伟大之中有真实。

——雨果

一个人不仅对别人，甚至对自己都不会有一丝欺骗的时候，他的这种特性就是真挚。

——柯罗连科

一个真正认识自己的人，就没法不谦虚。

——老舍

积土而为山，乘之而后高；积水而为海，积之而后深。故圣者众之所积也。

——荀子

一两重的真诚，等于一吨重的聪明。

——大仲马

在人生的路上，将血一滴一滴地滴过去，去饲别人。虽自觉渐渐瘦弱，也以为快活。

——鲁迅

生，使一切的人站在一条水平线上；死，使卓越的人露出头角来。

——萧伯纳

采得百花成蜜后，为谁辛苦为谁甜?

——罗隐

我们需要能有所奉献的人，而不是想有所收获的人。

——巴鲁克

凡可以献上我的全身的事，绝不只献上一只手。

——狄更斯

月儿把它的光明遍照在天上，却留着它的黑斑给自己。

——泰戈尔

我要做的只是以我微薄的绵力来为真理和正义服务。

——爱因斯坦

一碗酸辣汤，耳闻口讲的，总不如亲自呷一口的明白。

——鲁迅

如果一个人仅仅想到自己，那么他的一生里，伤心的事情一定比快乐的事情来得多。

——马明·西比利亚克

竭力履行你的义务，你应该就会知道，你到底有多大价值。

——列夫·托尔斯泰

我是春蚕，吃了桑叶就要吐丝，哪怕放在锅里煮，死了丝还不断，为了给人间添一点温暖。

——巴金

夜把花悄悄地开放了，却让白日去领受谢词。

——泰戈尔

如果我们想交朋友，就要先为别人做些事，那些需要花时间、体力、体贴、奉献才能做到的事。

——戴尔·卡耐基

尽力做好一件事，实乃人生之首务。

——本杰明·富兰克林

埋在地下的树根使树枝产生果实，却并不要求什么报酬。

——泰戈尔

我可以一再坚持我们的贡献，那是因为，只有这种看法，才能在世界上有权力赢得人类的同情。

——罗丹

人需要有一颗牺牲自己私利的心。

——屠格涅夫

倘使有一双翅膀，我甘愿做人间的飞蛾。我要飞向火热的日球，让我在眼前一阵光、身内一阵热的当儿，失去知觉而化作一阵烟、一撮灰。

——巴金

一个丰富的天性，如果不拿自己来喂养饥肠辘辘的别人，自己也就要枯萎了。

——罗曼·罗兰

爱，首先意味着奉献，意味着把自己心灵的力量献给所爱的人，为所爱的人创造幸福。

——苏霍姆林斯基

我觉得，只有人类在由衷的感谢下生出的报效之心，才是地球上最美好的东西。

——武者小路实笃

一生奉献于两个神明，即荣誉与英勇。

——蒙森

一个只顾自己的人不足以成大器。

——罗斯金

让别人过得舒服些，自己没有幸福不要紧，看见别人得到幸福生活也是舒服的。

——鲁迅

望你们青年的一代，也能像蜡烛为人照明那样，有一分热发一分光，忠诚地为人类伟大的事业贡献自己的力量。

——法拉第

不是每一个人都要站在第一线上的，各人应该做自己分内的工作。

——赫尔岑

实践决定理论，真正的理论也有着领导行动的功用。

——邹韬奋

奉献乃生活的真正意义。

——阿德勒

经验给我们太多的教训，告诉我们人类最难管制的东西，莫过于自己的舌头。

——斯宾诺沙

除了凭着对过去的经验加以类推之外，我们对今后的事一无所知。

——林肯

一致是强有力的，而纷争易于被征服。

——伊索

02

命运

命运给予我们的不是失望之酒，而是机遇之杯。因此，让我们毫不畏惧、充满欢愉地把握命运。

——尼克松

命运是暴君作恶的权力，也是傻瓜失败的借口。

——安·比尔斯

我随时准备忍受命运的安排，只要问心无愧。

——但丁

命运无非就是时间加速的形式。

——吉罗杜

机遇像一块粗糙的石头，只有在雕刻家手中才能获得新生，上天给了我们机遇，而我们则必须按自己的设计塑造它。

——席勒

幸运的时机好比市场上的交易，只要你稍有延误，它就将掉价了。

——弗朗西斯·培根

凡是限制我们的东西，我们就称之为命运。

——拉尔夫·沃尔多·爱默生

好运总是向有胆有识的人招手。

——维吉尔

人间诸事的秩序均非偶然，命运只是毫无意义的空话。

——博絮埃

命运是机会的影子。

——苏格拉底

机会是一切努力之中最杰出的船长。

——索福克勒斯

对于凌驾命运之上的人来说，信心是命运的主宰。

——海伦·凯勒

有勇气主宰自己命运的人才是英雄。

——海塞

不论弱者或强者，都逃不出命运的手掌。

——荷马

通往失败的路上，处处是错失了的机会。坐待幸运从前门进来的人，往往忽略了从后门进入的机会。

——拿破仑

每个人的一生中，幸运女神都来敲过门。可是，许多人竟在邻室中听不见她。

——马克·吐温

你应该认定自己的命运；任何人都不可能在每一件事情上超人一等。

——伊索

我无法驾驭我的命运，只能与它合作，从而在某种程度上使它朝我引导的方向发展。我不是我心灵的船长，只是它吵吵嚷嚷的乘客。

——赫胥黎

顺境中的好运，为人们所希冀；逆境中的好运，则为人们所惊奇。

——弗朗西斯·培根

没有所谓命运这个东西，一切无非是考验、惩罚或补偿。

——伏尔泰

人们不存侥幸之心，方可为幸运的主宰；而幸运除了懦夫之外，都是不敢欺凌的。

——乔叟

命运不会使我们幸福或不幸，它只提供材料和种子而已。

——米歇尔·德·蒙田

命运像水车的轮子一样旋转着，昨天还高高在上的人，今天却屈居人下。

——塞万提斯

命运支配我们行为的一半，而把另一半委托给我们自己。

——马基雅维利

智慧和命运交锋时，如果智慧有敢做敢为的胆识，命运就没有机会动摇它。

——莎士比亚

命运的变化丝毫不顾及人类和他们的丰功伟绩，把帝王与臣民同埋在一个墓穴里。

——爱德华·吉本

每个人都是命运的建筑师，辉煌的未来有待我们去筹建。

——朗弗罗

命运并非偶然，而是必然，它就藏在你的性格之中。

——芥川龙之介

命运女神微笑时，请搂住她！

——托·富勒

所有成功的人都承认自己是因果论者，他相信成败不是由于命运，而是由于定律，相信在结合开始与终结的一件事的连贯中并没有一个脆弱或破裂的环节。

——拉尔夫·沃尔多·爱默生

境遇如同宿舍里的东西，人的一生结局，就在这框子里营运，要摧毁它是相当困难的。

——坪田让治

不管一切如何，你仍然要平静和愉快。生活就是这样，我们也就必须这样对待生活，要勇敢、无畏、含着笑容，不管一切如何。

——罗莎·卢森堡

命运有两种方法可以打垮我们：拒绝我们的愿望或满足我们的愿望。

——阿米尔

人的一生不仅受到意志的支配，还受到命运的支配，而命运纯属偶然。

——荒木俊马

机遇是上帝不愿意签写真名时用的一个笔名。

——法朗士

机遇是个转瞬即逝的两面人，一面写着“幸运”，一面写着“不幸”。

——乔叟

机遇是个匆匆到来的上帝，他将幸运与不幸分配给他选中的人们。

——康德

机会来的时候像闪电一样短促，全靠你不假思索地利用。

——巴尔扎克

不要以为机遇会第二次敲门。

——桑弗

“机会”的全部头发都长在前额上，一旦走过去，你就无法再抓到它了；它的后脑勺是光的，而且从来不回头。

——拉伯雷

我们真正的敌人是我们自己。

——博絮埃

世事的起伏本来是波浪式的，人们要是能够趁着高潮一往直前，一定可以功成名就。

——莎士比亚

幸运并非没有许多的恐惧和烦恼；厄运也并非没有许多的安慰和希望。

——弗朗西斯·培根

人是从苦难中成长起来的，唯有乐观奋斗，才能不断茁壮，反之则易埋没，默默终生。

——拿破仑

害怕危险的心理比危险本身还要可怕一万倍。

——笛福

极度的痛苦才是精神的最后解放者，唯有此种痛苦，才强迫我们大彻大悟。

——尼采

一个人如果从来没有参观过痛苦的展览所，那么他只看见过半个宇宙。

——拉尔夫·沃尔多·爱默生

既然痛苦是另一件事的开端，那么今天的痛苦又算得了什么！

——克洛岱尔

痛苦这把犁刀一方面割破了你的心，一方面掘出了生命的新水源。

——罗曼·罗兰

所有的伟大都是从艰苦中脱颖而出的。

——拉尔夫·沃尔多·爱默生

新的火焰可以把旧的火焰扑灭，大的痛苦可以使小的痛苦减轻；一桩绝望的忧伤也可以用另一桩烦恼把它驱除。

——莎士比亚

对于一个有能力的人来说，痛苦也许是一种很有价值的激励，因为如果我们已经十分幸福，就不会去追求更大的幸福。

——罗素

恭候运气的人连一餐饭也休想保证。

——本杰明·富兰克林

人的一生，或多或少总是难免有浮沉，不会永远如旭日东升，也不会永远痛苦潦倒。反复地一浮一沉，对于一个人来说正是磨炼。因此，浮在上面的，不必骄傲；沉在底下的，更用不着悲观。必须以率直、谦虚的态度，乐观地向前迈进。

——松下幸之助

痛苦并非坏事，除非痛苦征服了我们。

——金斯莱

没有哪个胜利者信仰机遇。

——尼采

顺境也好，逆境也好，人生就是一场对种种困难无尽无休的斗争，一场以寡敌众的斗争。

——泰戈尔

逆境是通往真理的一条道路。

——拜伦

有时横祸会成为一种财富，它向人们揭示了蕴藏在自己本性中的许多秘密的财富，有如地震过后暴露了许多地下宝藏。

——福楼拜

幸运的人得到了人生的一半，不幸的人得到了人生的全部。

——福克纳

甜酸苦辣全得尝一尝，无论是谁，要打算在世界上有点成就，总得打这儿过。

——马克·吐温

不为幸运所欺骗的人，也一定不会为厄运所压倒。

——琼森

苦难是人生的老师，通过苦难，走向快乐。

——贝多芬

当你回想过去的幸福生动情景时，回忆是一首最伟大的诗；但当触及结了痂的创口时，它却是剧烈的痛苦。

——冈察洛夫

胆小的人在危险之前惊恐，懦弱的人在危险之中惊恐，胆大的人在危险之后惊恐。

——里克特

人们最出色的工作往往在处于逆境的情况下做出。思想上的压力，甚至肉体上的痛苦，都可能成为精神上的兴奋剂。

——贝弗里奇

不幸是一所最好的大学。

——别林斯基

不幸，是天才的晋身之阶，信徒的洗礼之水，能人的无价之宝，弱者的无底之渊。

——巴尔扎克

在灾祸尚未发展到不可避免的程度之前，很少有人下决心除掉它。

——哈代

痛苦只是暂时的，这没有什么了不起，而欢乐却是永久的，这才是最宝贵的。

——捷尔任斯基

平庸的人默默等待机会，聪明人善于抓住机会，成功者勇于创造机会。变幻的世界，五彩的人生，机遇无处不在，无时不有，就看你是否时刻准备着。

——拿破仑

危险在勇敢者看来像太阳那样耀眼。

——欧里庇得斯

幸运与不幸像一把小刀，抓它的刀刃使我们受伤，抓它的刀柄使我们受益。

——洛威尔

没有准备向命运抗争，命运便会显示其威力。

——马基雅弗利

灾难有两种类型：一种是我们自己倒霉，另一种是别人走运。

——安布罗斯·比尔斯

幸运是伟大的老师，而不幸则更伟大。

——威廉·哈兹里特

不幸多半证明是对人生的误解。

——米歇尔·德·蒙田

我们这些具有无限精神的有限的人，就是为了痛苦和欢乐而生的，几乎可以这样说：最优秀的人物通过痛苦才得快乐。

——贝多芬

想到自己的苦难别人也曾经受过，虽不能治愈痛楚，却能使它稍稍缓和。

——阿尔弗雷德·德·缪塞

从不临头的不幸最难忍受。

——塞缪尔·约翰逊

没有谁比从未遇到过不幸的人更加不幸，因为他从未有机会检验自己的能力。

——塞涅卡

幸运只会叩响你的门一次，但不幸却有着更多的耐心。

——斯威夫特

自知者不怨人，知命者不怨天。

——荀子

当命运递给我们一个酸的柠檬时，让我们设法把它制造成甜的柠檬汁。

——雨果

对于命运的变化无常，我们慨叹得太多了。发不了财的、升不了官的，都要埋怨命运不好。然而，仔细想想吧！过失还是在于你自己。

——克雷洛夫

凡是不依靠自身而依赖外界才能获得幸福的人，命运总是和他作对。

——莫罗阿

每个人都主宰自己的命运。

——斯梯尔

我要扼住命运的咽喉，它决不能使我完全屈服。

——贝多芬

命运不能妨碍我们的欢乐，让他来胁迫我们吧！我们还是要欢笑度日，只有傻瓜才不是这样。

——高尔基

命运不是一只雄鹰，它像耗子那样爬行。

——伊丽莎白·鲍恩

向命运大声叫骂又有什么用？命运是个聋子。

——欧里庇得斯

在灰暗的日子中，不要让冷酷的命运窃喜；命运既然来凌辱我们，我们就应该用处之泰然的态度予以报复。

——莎士比亚

一个人的命运主要掌握在自己手中。

——弗朗西斯·培根

命运是一件很不可思议的东西。虽人各有志，但往往在实现理想时，会遭遇到许多困难，使自己走向与志趣相反的路而一举成功。

——松下幸之助

命运的变化如月亮的阴晴圆缺，无损智者大雅。

——本杰明·富兰克林

03

生命

生命像一粒种子藏在生活的深处，在黑土层和人类胶泥的混合物中，多少世代都留下他们的残骸。一个伟大的人生，任务就在于把生命从泥土中分离开。这样的生育需要整整一辈子。

——罗曼·罗兰

莫道桑榆晚，为霞尚满天。

——刘禹锡

生命是一种语言，它为我们传达了某种真理；如果以另一种方式学习它，我们将不能生存。

——叔本华

生命的全部奥秘就在于为了生存而放弃生存。

——歌德

生命是获取知识的工具，只要秉持这个原则，我们不仅会勇气百倍，而且还能尽情地生活和开怀大笑。

——尼采

人的生命短得可笑。怎样生活？一些人千方百计逃避生活，另外一些人把自己整个身心献给了它。前一种人在晚年时精神空虚，无所回

忆；后一种人精神和回忆都是丰富的。

——高尔基

生命会给你所需要的东西，只要你不断地向它要，只要你在向它要的时候说得一清二楚。

——爱因斯坦

当我们误用生命的时候，生命并无价值。

——狄更斯

自杀是卑怯的行为。

——鲁迅

节约时间，也就是使一个人有限的生命更加有效，也就等于延长了人的生命。

——鲁迅

要真正体验生命，你必须站在生命之上！为此，要学会向高处攀登；为此，要学会俯视下方！

——尼采

生命，那是自然会给人类去雕琢的宝石。

——诺贝尔

生命不等于是呼吸，生命是活动。

——卢梭

与其苟且偷生，毋宁英勇战死。

——乔万尼奥里

生命是人的光。

——列夫·托尔斯泰

人，是生命锁链的一环，生命的锁链是无穷无尽的，它通过人从遥远的过去伸向渺茫的未来。

——柯罗连科

我为生命的本身而欢喜。对我而言，生命并非短暂的蜡烛。它是一种光辉的火炬，此刻为我所拥有；在交给将来的世代之前，我要使它尽量烧得光亮。

——萧伯纳

在光明中高举，在死的阴影里把它收起。和你的星星一同放进夜的宝盒，早晨让它在礼拜声中、开放的鲜花丛里找到它自己。

——泰戈尔

自然赋予人们的不调和还很多，人们自己萎缩堕落退步的也还很多，然而生命绝不因此回头。

——鲁迅

我的整个生命和全部精力，都已经献给了世界最壮丽的事业——为人类的解放而斗争。

——奥斯特洛夫斯基

一切难以理解的，终将真相大白。当生命熄灭的时候，灰烬里剩下的却是真金。生命奔腾着消融下去，降低着温度。但是，正是在那最后的闪烁中，包含着生命行程的全部经验。

——列·马·列昂诺夫

我在每一天里重新诞生，每一天都是我新生命的开始。

——左拉

人是生而自由的，但却无往不在枷锁之中。自以为是其他一切的主人的人，反而比其他一切更像奴隶。

——卢梭

有生命，那里便有希望。

——泰伦提乌斯

我的产业是这样美、这样广、这样宽，时间是我的财产，我的田地是时间。

——歌德

旅程的终点，将是我们生命的结束。

——梅特林克

我们的生命是三月的天气，可以在一小时内又狂暴又平静。

——爱默森

人生不满百，常怀千岁忧。

——无名氏

聪明的人警告我说，生命只是一颗荷叶上的露珠。

——泰戈尔

人之有生也，如太仓之粒米，如灼目之电光，如悬崖之朽木，如逝海之微波。知此者如何不悲？如何不乐？

——洪应明

我们全都是短命人，回忆者和被回忆者全都一样。

——马可·奥勒留

我爱人生，所以我愿像一个狂信者那样投身到生命的海里。

——巴金

生命是一支织梭。

——莎士比亚

真正的圣者信条是善用生命，充分地利用生命。

——赫伯特

生命是真实的，生命是诚挚的，坟墓并不是他的终结点。

——朗弗罗

虽然人人都企求很多，但所需要的却是微乎其微。因为人生是短暂的，人的生命是有限的。

——歌德

如果容许我再过一次人生，我愿意重复我的生活。因为，我向来就不后悔过去，不惧怕将来。

——米歇尔·德·蒙田

没有人生活在过去，也没有人生活在未来，现在是生命确实占有的唯一形态。

——叔本华

人生天地之间，若白驹过隙，忽然而已。

——庄周

你热爱生命吗？那么别浪费时间，因为时间是构成生命的材料。

——本杰明·富兰克林

生命不可能有两次，但许多人连一次也不善于度过。

——吕凯特

盛年不重来，一日难再晨。及时当勉励，岁月不待人。

——陶渊明

在我们了解什么是生命之前，我们已将它消磨了一半。

——赫伯特

在坎坷的生命里，我们要有超越自我的感觉。

——贝纳文特

生命苦短，只是美德能将它传到遥远的后世。

——莎士比亚

生命，如果跟时代崇高的责任联系在一起，你就会感到它永垂不朽。

——车尔尼雪夫斯基

懂得生命真谛的人，可以使短促的生命延长。

——西塞罗

天下兴亡，匹夫有责。

——顾炎武

人生实在是一本书，内容复杂，分量沉重，值得翻到个人所能翻到的最后一页，而且必须慢慢地翻。

——沈从文

人生并不像火车要通过每个站似的经过每一个生活的阶段，人生总是直向前行走，从不留下什么。

——刘易斯

追求科学需要特殊的勇敢。

——伽利略

忠诚可以简练地定义为对不可能的情况的一种不合逻辑的信仰。

——亨利·门肯

过放荡不羁的生活，容易得像顺水推舟，但是要结识良朋益友，却难如登天。

——巴尔扎克

一件事实是一条没有性别的真理。

——纪伯伦

白日莫空过，青春不再来。

——林宽

本来，生命只有一次，对于谁都是宝贵的。

——瞿秋白

生活只有在平淡无奇的人看来才是空虚而平淡无奇的。

——车尔尼雪夫斯基

人生是一所学校，在那里比起幸福，不幸是更好的老师。

——弗里奇

对可耻行为的追悔是对生命的拯救。

——罗曼·罗兰

生命是美好的，一切物质是美好的，智慧是美好的，爱是美好的！

——杜伽尔

社会犹如一条船，每个人都要有掌舵的准备。

——易卜生

人的一生，应当像这美丽的花，自己无所求却给人间以美丽。

——杨沫

生命是珍贵之物，死是最大的罪恶。

——海涅

人生不售来回票，一旦动身，绝不能复返。

——罗曼·罗兰

世间之活动，缺点虽多，但仍是美好的。

——罗丹

人生不是一支短短的蜡烛，而是一支由我们暂时拿着的火炬，我们一定要把它燃得十分光明灿烂，然后交给下一代的人们。

——萧伯纳

生命的意义在于活得充实，而不在于活得长久。

——马丁·路德

没有一个人长生不老，也没有一件东西永久长存。兄弟，记住这一点并欢欣鼓舞吧。

——泰戈尔

你虽在困苦中，也不要惴惴不安，往往总是从暗处流出生命之泉。

——萨迪

冲击一次就忘掉，在新的局面下继续生活下去。

——西伦佩

人生一世不就是为了化短暂的事物为永久的吗？要做到这一步，就须懂得如何珍视这短暂和永久。

——歌德

每天都愉快地生活，不要等到日子过去了才找到它们的可爱之点，也不要把所有特别合意的希望都放在未来。

——居里夫人

生命由种种经验而千锤百炼。

——蒙森

少年易老学难成，一寸光阴不可轻。未觉池塘春草梦，阶前梧叶已秋声。

——朱熹

如能善于利用，生命乃悠长。

——塞涅卡

生命的路是进步的，总是沿着无限的精神三角形的斜面向上走，什么都阻止他不得。

——鲁迅

生命的用途并不在于长短，而在于我们怎样利用它。许多人活的日子并不多，却活了很长久。

——米歇尔·德·蒙田

得生命真谛的人，可以使短促的生命延长。

——意大利民间谚语

人生是要活的，必须活得兴致勃勃，充满好奇心，无论如何也绝不要背对着生活。

——罗斯福

为了追求光和热，人宁愿舍去自己的生命。生命是可爱的。但寒冷的，寂寞的生，不如轰轰烈烈的死。

——巴金

人生无论在极坏的时候还是最好的时候，总是美的，而且向来是美的。

——德莱塞

我爱生活，为了它的美好，我参加了斗争。

——伏契克

内容充实的生命就是长久的生命。我们要以行为而不是以时间来衡量生命。

——塞涅卡

生于忧患而死于安乐。

——孟子

能将自己的生命寄托在他人的记忆中，生命仿佛就加长了一些；光荣是我们获得的新生命，其可珍可贵实在不下于天赋的生命。

——孟德斯鸠

我们一步一步走下去，踏踏实实地去走，永不抗拒生命交给我们的重负，才是一个勇者。到了蓦然回首的那一瞬间，生命必然给我们公平的答案和又一次乍喜的心情，那时的山和水，又恢复了是山是水，而人生已然走过，是多么美好的一个秋天。

——三毛

鱼生于水，死于水；草木生于土，死于土；人生于道，死于道。

——胡宏

有三件事人类都要经历：出生、生活和死亡。他们出生时，无知无觉；死到临头，痛不欲生；活着的时候却又怠慢了人生。

——拉布吕耶尔

得其志者，虽死犹生；不得其志，虽生犹死。

——无名氏

你若是爱千古，你应该爱现在；昨日不能唤回来，明日还是不实在；你能确有把握的，只有今日的现在。

——拉尔夫·沃尔多·爱默生

人生太短，要干的事太多，我要争分夺秒。

——爱迪生

懂得生命真谛的人，可以使短促的生命延长。

——西塞罗

生命的多少用时间计算，生命的价值用贡献计算。

——裴多菲

我们的生命是什么，不过是长着翅膀的事实或事件的无穷的飞翔。

——拉尔夫·沃尔多·爱默森

04

自由

我认为，与制度相结合的自由才是唯一的自由。自由不仅要同制度和道德并存，而且还不可缺少。

——伯克

养成他们有耐劳作的体力，纯洁高尚的道德，广博自由能容纳新潮流的精神，也就是能在世界新潮流中游泳，不被淹没的力量。

——鲁迅

人们喜欢带着极端的偏见在不着边际的自由中使自己得到满足，这就是他们的思想本质。

——弗朗西斯·培根

为谋权力而失去自由，或为谋求控制他人的权力而失去控制自己的能力，这是一种奇怪的欲望。

——弗朗西斯·培根

不给他人以自由的人，地球上没他的自由，其他星球上也不会有。

——哈伯德

连自己的命运都不能主宰的人是没有自由可以享受的。

——爱比克泰德

只有受过教育的人才是自由的。

——爱比克泰德

沉默容易使人跟朋友疏远，热烈的诉说和自由则使人们互相接近。

——巴金

在普遍堕落的人群当中，自由是不可能长久存在的。

——伯克

囊括大典，网罗众家；思想自由，兼容并包。

——蔡元培

殊不知有健全之身体，始有健全之精神；若身体柔弱，则思想精神何由发达？或曰，非困苦其身体，则精神不能自由。然所谓困苦者，乃锻炼之谓，非使之柔弱以自苦也。

——蔡元培

环境影响人的成长，但它并不排斥意志的自由表现。

——车尔尼雪夫斯基

正义和自由互为表里，一旦分割，两者都会失去。

——富尔克

人们往往把任性也叫作自由，但是任性只是非理性的自由，人性的选择和自觉都不是出于意志的理性，而是出于偶然的动机以及这种动机对感性外在世界的依赖。

——黑格尔

给别人自由和维护自己的自由，两者同样是崇高的事业。

——林肯

保护消费者的最有效方法是国内的自由竞争和遍及全世界的自由贸易。

——弗里德曼

自由不是无限制的自由，自由是一种能做法律许可的任何事的权力。

——孟德斯鸠

认为艺术家的自由在于他想干什么就干什么，这是错误的，是胡作非为者的自由。

——斯坦尼斯拉夫斯基

个人的自由，以不侵犯他人的自由为自由。

——穆勒

生命诚可贵，爱情价更高。若为自由故，二者皆可抛。

——裴多菲

天下无纯粹之自由，亦无纯粹之不自由。

——章炳麟

自由是对必然的认识。

——黑格尔

掷我们的头颅，奠筑自由的金字塔，洒我们的鲜血，染成红旗，万载飘扬。

——林基路

不要过分地醉心自由，一点也不加以限制的自由，它的害处与危险实在不少。

——克雷洛夫

自由不仅为滥用权力而失去，也为滥用自由而失去。

——麦奇生

没有自由的秩序和没有秩序的自由，同样具有破坏性。

——罗斯福

秩序，只有秩序才能产生自由。

——法国民间谚语

爱情只有当它是自由自在时，才会叶茂花繁。认为爱情是某种义务的思想只能置爱情于死地。只需一句话：你应当爱某个人，就足以使你对这个人恨之入骨。

——罗素

我们是法律的仆人，以便我们可以获得自由。

——西塞罗

我愿我能在横过孩子心中的道路上游行，解脱了一切的束缚。在那儿，理智以它的法律造为纸鸢而放飞，真理也使事实从桎梏中自由了。

——泰戈尔

凡是教师缺乏爱的地方，无论品格还是智慧，都不能充分或自由地发展。

——卢梭

不能制约自己的人，不能称之为自由的人。

——毕达哥拉斯

放弃基本的自由以换取苟安的人，终归失去自由，也得不到安全。

——本杰明·富兰克林

给别人自由和维护自己的自由，两者同样是崇高的事业。

——林肯

我们只崇尚真理，自由的、无限的、不分国界的真理，毫无种族歧视或偏见的真理。

——罗曼·罗兰

浮生六十度春秋，无辱无荣尽自由。

——杨公远

自由向来是一切财富中最昂贵的财富。

——罗曼·罗兰

自由是上帝赐给人类的最大的幸福之一。

——塞万提斯

自由是人先稍微试用，然后无限制地使用才能真正懂得用法的财产。

——杜伽尔

自由是人类得以自豪的唯一珍贵物品。

——杜伽尔

自由虽不是钱所能买到的，但能够为钱而卖掉。

——鲁迅

自由的目的是为他人创造自由。

——伯纳德·马拉默德

自由从来未被武力征服过。

——詹·汤姆逊

自由不是像财产一样的物品，而是人永恒的权利。

——蒙森

如果自由流于放纵，那么魔鬼就会乘机侵入。

——华盛顿

如果自由是名副其实的，那么一切都将服从于它。

——伯克

谁将自由卖掉以换取黄金和荣耀，谁就等于出卖了自己生来就有的权利。

——惠普尔

谁因为害怕贫穷而放弃比财富更加可贵的自由，谁就只好永远做奴隶。

——西塞罗

没有思想自由，就没有科学，没有真理。

——勒南

贪安稳就没有自由，要自由就要历些危险。只有这两条路。

——鲁迅

唯有接受真理的限制，我们才能得到至高无上的自由享受。

——泰戈尔

要解放孩子的头脑、双手、脚、空间、时间，使他们充分得到自由的生活，从自由的生活中得到真正的教育。

——陶行知

一个人必须剔除自己身上顽固的私心，使自己的人格得到自由表现的权利。

——屠格涅夫

一个人的绝对自由是疯狂，一个国家的绝对自由是混乱。

——罗曼·罗兰

一个人只要宣称自己是自由的，就会同时感到他是受限制的。如果你敢于宣称自己是受限制的，你就会感到自己是自由的。

——歌德

05

谦虚

虚心顺理，学者当守此四字。

——朱熹

君子戒自欺，求自谦。

——海瑞

谦者众善之基，傲者众恶之魁。

——王阳明

劳谦虚己，则附者众；骄慢倨傲，则去者多。

——葛洪

谦以待人，虚以接物。

——鲁迅

地洼下，水流之；人谦下，德归之。

——魏徵

温和、谦逊、多礼的言行，有时能使人回心转意。

——萨迪

谁穿上谦卑这件衣裳，谁就是最美、最俊的人。

——蒙哥马利

有一道，大足以守天下，中足以守国家，小足以守其身：谦之谓也。

——刘向

谦虚使人的心缩小，像一个小石卵，虽然小，但极结实。结实才能诚实。

——老舍

为人第一谦虚好，学问茫茫无尽期。

——冯梦龙

谦逊是藏于土中甜美的根，所有崇高的美德由此发芽滋长。

——苏格拉底

以谦接物者强，以善自卫者良。

——林逋

谦虚温谨，不以才地矜物。

——房玄龄

虽然我有某些优点，但我自己最重视的优点却是我的谦虚。

——孟德斯鸠

自谦，则人愈服；自夸，则人必疑。

——申涵光

谦让是身体的良心。

——巴尔扎克

切忌浮夸铺张，与其说得过分，不如说得不全。

——列夫·托尔斯泰

成功的第一个条件是真正的虚心，对自己一切敝帚自珍的成见，只要看出同真理冲突都应该放弃。

——斯宾塞

自负对任何艺术都是一种毁灭，骄傲是可怕的不幸。

——季米特洛夫

真正的谦虚只能是对虚荣心进行了深思以后的产物。

——柏格森

不傲才以骄人，不以宠而作威。

——诸葛亮

不满足是向上的车轮。

——鲁迅

伟大的人是绝不会滥用自己的优点的，他们看出自己超过别人的地方，并且意识到这一点，然而绝不会因此就不谦虚，他们的过人之处越多，他们越认识到自己的不足。

——卢梭

真正以谦虚是最高的美德，也即一切美德之母。

——丁尼生

虚心不是一般所谓谦虚，只是表面上接受人们的意见，也不是与人们无争论、无批评，把是非和真理的界限模糊起来，而是必须保持自己的政治立场，当自己还未了解他人意见时不盲从。

——徐特立

要学会做科学的苦工。要谦虚、有热情，记住，科学需要人的全部生命。

——巴甫洛夫

科学的未来只能属于勤奋而谦虚的年轻一代!

——巴甫洛夫

谦虚不仅是一种装饰品，也是美德的护卫。

——爱迪生

科学的自负比起无知的自负还只能算是谦虚。

——斯宾塞

善良和谦虚是永远不应令人厌恶的两种品德。

——斯蒂文生

谦虚对于优点犹如图画中的阴影，会使之更加有力、更加突出。

——牛顿

不能凭最初印象去判断一个人。美德往往以谦虚镶边，缺点往往被虚伪所掩盖。

——拉布吕耶尔

只有坚强的人才谦虚。

——赫尔岑

真理最伟大的朋友是时间，最大的敌人是偏见，最永恒的伴侣是谦虚。

——戈登

智慧是宝石，如果用谦虚镶边，就会更加灿烂夺目。

——高尔基

虚己者进德之基。

——方孝孺

骄傲自满是我们一座可怕的陷阱，而这个陷阱是我们自己亲手挖掘的。

——老舍

当我们最为谦卑的时候，便是我们最近于伟大的时候。

——泰戈尔

谦逊可以使一个战士更美丽。

——奥斯特洛夫斯基

放荡功不遂，满盈身亦灾。

——张咏

满盈者，不损何为？慎之！慎之！

——朱舜水

盛满易为灾，谦冲恒受福。

——张廷玉

谨慎比大胆要有力量得多。

——雨果

国民的感情中最难克服的要数骄傲了，随你如何把它改头换面，与之斗争，使之败阵，扑而灭之，羞而辱之，它还会探出头来，显示自己。

——本杰明·富兰克林

短不可护，护短终短；长不可矜，矜则不长。

——聂大年

一切真正的和伟大的东西，都是淳朴而谦逊的。

——别林斯基

有了一些小成绩就不求上进，这完全不符合我的性格。攀登上一个阶梯固然很好，但只要还有力气，那就意味着必须再继续前进一步。

——安徒生

卑鄙和高傲的动机只会满足愚人、武夫、人类的侵略者和掠夺者的贪婪，人们应当放弃这种动机，不要让这些诱人的饮料再麻醉那些自命不凡之徒。

——圣西门

一个人如果把从别人那里学来的东西算作自己的发现，这也很接近于虚骄。

——黑格尔

谦固美名，过谦者，宜防其诈。

——朱熹

骄傲的人喜欢见依附他的人或谄媚他的人而厌恶见高尚的人。但结果这些人愚弄他，迎合他那软弱的心灵，把他由一个愚人弄成一个狂人。

——斯宾诺莎

自卑虽与骄傲相反，但实际却与骄傲最为接近。

——斯宾诺莎

功有所不全，力有所不任，才有所不足。

——宋濂

显而易见，骄傲与谦卑是恰恰相反的，可是它们有同一个对象。这个对象就是自我。

——休谟

当你意识到自己是个谦虚的人的时候，你就已经不是个谦虚的人了。

——列夫·托尔斯泰

谦虚如果是卑己而尊人，就非常要不得。谦虚应该建立在自尊而尊人上面。

——徐特立

切莫轻信过度谦虚的人，尤其对方摆出讽刺他自己的态度时，更不能骤然相信。因为这种谦虚的背后，八成隐藏了强烈的虚荣心和功名心。

——希尔泰

不骄，方能师人之长而自成其学。

——谭嗣同

做点好事，待人要仁慈、宽厚。总之，用你的谦虚来避免厄运吧。

——巴尔扎克

谦虚对才华无奇的人来说只是一种诚实，对才华绝顶的人来说，是一种虚伪。

——叔本华

谦虚之于功德，犹如阴影之于绘画。

——方孝孺

谦虚其心，宏大其量。

——王阳明

对骄傲的人不要谦虚，对谦虚的人不要骄傲。

——朱尔·勒纳尔

成就是谦虚者前进的阶梯，也是骄傲者后退的滑梯。

——利德尔·哈特

我们应该谦虚，因为你我都成就不了多少。我们都只是过客，一世纪以后都会被完全遗忘。生命太短促，不能老谈自己微小的成就来教人厌烦，且让我们鼓励别人多谈吧。

——戴尔·卡耐基

缄默和谦虚是社交的美德。

——米歇尔·德·蒙田

谦虚的人常思己过，骄傲的人只论人非。

——中国民间谚语

气忌盛，心忌满，才忌露。

——吕坤

谦虚是缺少的品德。

——孟德斯鸠

谦虚谨慎和不谋私利，是人们所赞扬的美德，却也为人们所忽略。

——莫洛亚

谦虚的学生珍视真理，不关心对自己个人的颂扬；不谦虚的学生首先想到的是炫耀个人得到的赞誉，对真理漠不关心。思想史上载明，谦

虚几乎总是和学生的才能成正比，不谦虚则成反比。

——普列汉诺夫

谦虚的人快来，让我拥抱你们！你们使生活温和动人……你们想不使任何人感到惭愧。

——孟德斯鸠

蜜蜂从花中啜蜜，离开时营营地道谢；浮夸的蝴蝶却相信花是应该向它道谢的。

——泰戈尔

最大的骄傲与最大的自卑都表示心灵的最软弱无力。

——斯宾诺莎

钻研然而知不足，虚心是从知不足而来的。虚伪的谦虚，仅能博得庸俗的掌声，而不能求得真正的进步。

——华罗庚

当我历数了人类在艺术上和文学上所发明的那许多神妙的创造，然后再回顾一下我的知识，我觉得自己简直是浅陋至极。

——伽利略

要在座的人都停止了说话的时候，有了机会，方才可以谦逊地把问题提出，向人学习。

——约翰·洛克

不谦虚的话只能有这个辩解，即缺少谦虚就是缺少见识。

——本杰明·富兰克林

大多数的科学家，对于最高级的形容词和夸张手法都是深恶痛绝的，伟大的人物一般都是谦虚谨慎的。

——贝弗里奇

构成我们学习最大障碍的是已知的东西，而不是未知的东西。

——贝尔纳

我们的骄傲多半是基于我们的无知。

——莱辛

蠢材妄自尊大，他自鸣得意的正好是受人讥笑奚落的短处，而且往往把应该引为奇耻大辱的事，大吹大擂。

——克雷洛夫

无论在什么时候，永远不要以为自己已经知道了一切。不管人们把你们评价得多么高，但你们永远要有勇气对自己说：我是个毫无所知的人。

——巴甫洛夫

骄傲的人必然嫉妒，他对于那最以德性受人称赞的人便最怀嫉恨。

——斯宾诺莎

由于痛苦而将自己看得太低就是自卑。

——斯宾诺莎

礼仪不良有两种：第一种是忸怩羞怯；第二种是行为不检点和轻慢。要避免这两种情形，就只有好好地遵守下面这条规则，就是不要看不起自己，也不要看不起别人。

——约翰·洛克

人生大病，只是一“傲”字。

——王阳明

谦虚日久人人爱，骄傲日久成孤人。

——中国民间谚语

06

友谊

贫游不可忘，久交念敦敬。

——鲍照

朋友一千个还太少，敌人一个也嫌多。

——阿·巴巴耶娃

有了朋友，生命才显出它全部的价值。一个人活着是为了朋友，保持自己生命的完整，不受时间侵蚀，也是为了朋友。

——罗曼·罗兰

我们不应该不惜任何代价地去保持友谊，从而使它受到玷污。如果为了那更伟大的爱，必须牺牲友谊，那也是没有办法的事；不过如果能够保持下去，那么，它就能真的达到完美的境界了。

——泰戈尔

朋友之间感情真诚，敌人就会无隙可乘。

——萨迪

恶人相远离，善者近相知。

——王梵志

朋友本有通财之谊，但这是何等微妙的一件事！世上最难忘的事是借出去的钱，一般认为最倒霉的事又莫过于还钱。一牵涉到钱，恩怨便很难算得清楚，多少成长中的友谊都被这阿堵物所戕害。

——梁实秋

了解一个人的朋友实际上创造了那个人。

——罗曼·罗兰

朋友是另一个自己。

——西塞罗

什么是朋友？朋友就是你可以真诚相待的人。

——弗·克兰

朋友，以义合者。

——朱熹

朋友应比国王更重要。

——伏尔泰

朋友看朋友是透明的，他们彼此交换生命。

——罗曼·罗兰

忠诚的朋友是千金难买的。

——塔西佗

真正的朋友永远不会变心。

——乔·麦克唐纳

一切亲人并不都是朋友，而只有那些有共同利害关系的才是朋友。

——德谟克利特

仁爱的话，仁爱的诺言，嘴上说起来是容易的，只有在患难的时候，才能看见朋友的真心。

——克雷洛夫

圣贤是思想的先声，朋友是心灵的希望。

——拉尔夫·沃尔多·爱默生

莫逆于心，遂相与友。

——庄周

对谁都是朋友，实质对谁都不是朋友。

——亚里士多德

世界上没有比一个既真诚又聪明的朋友更可宝贵的了。

——亚里士多德

我们有三种朋友：爱我们的、对我们不感兴趣的，还有恨我们的。

——尚福尔

朋友的朋友也是我们的朋友。

——列夫·托尔斯泰

一个人的朋友就是他自身所具有的吸引力。

——拉尔夫·沃尔多·爱默生

人生乐在相知心。

——王安石

海内存知己，天涯若比邻。

——王勃

珍珠挂在颈上，友谊嵌在心上。

——中国民间谚语

未言心相醉，不再接杯酒。

——陶渊明

挚友如异体同心。

—— 亚里士多德

于患难风豪杰。

——魏禧

换我心，为你心，始知相忆深。

——顾敻

朋友之义，难在义字千变万化。

——三毛

世上友谊本罕见，平等友情更难求。

——弗朗西斯·培根

临时结交的人，不能算是朋友。得不到友谊的人将是终身可怜的孤独者。没有友情的社会则只是一片繁华的沙漠。如果把快乐告诉一个朋友，你将得到两个快乐，而如果你把忧愁向一个朋友倾吐，你将被分掉一半忧愁。

——弗朗西斯·培根

在真正幸福的婚姻中，友谊必须与爱情融合在一起。

——莫洛亚

真正的友谊好像健康，失去时才知道它的可贵。

——哥尔顿

缺乏真正的朋友乃是最纯粹、最可怜的孤独；没有友谊则斯世不过是一片荒野。我们还可以用这个意义来论“孤独”说，凡是天性不配交友的人，其性情可说是来自禽兽而不是来自人类。

——弗朗西斯·培根

友谊的主要效用之一就在于使人心中的愤懑抑郁得以宣泄、弛放。对一个真正的朋友，你可以传达你的忧愁、欢悦、恐惧、希望、疑忌、谏诤，以及任何压在你身上的事情。

——弗朗西斯·培根

于顺境中交朋友，只需费一举手之劳；在困厄时寻找友谊，简直比登天还难。

——爱比克泰德

这个人愿意为我流尽鲜血，牺牲生命，但他却不能向我公开藏在他内心一角的小小的秘密。友谊啊，你不过是过眼的烟云，你像阳光一样光明灿烂，但只是可供观赏而不可捉摸的虚无缥缈之物。

——大仲马

帮助朋友，以保持友谊；宽恕敌人，为争取感化。

——本杰明·富兰克林

即使是最神圣的友谊里也可能潜藏着秘密，但是你不可以因为自己不能猜测出朋友的秘密而误解了他。

——贝多芬

朋友间保持一定的距离而使友谊永存。

——查尔卡

真正的朋友不把友谊挂在口上，他们并不为了友谊而互相要求一点什么，而是彼此为对方做一切办得到的事。

——别林斯基

选择朋友要谨慎！地道的自私自利会戴上友谊的假面具用设好的陷阱来坑你。

——克雷洛夫

一步一步来是做生意的诀窍，但不是交朋友的诀窍；做生意时没有友谊，交朋友时也不应该做生意。

——戈特霍尔德·埃夫莱姆·莱辛

求爱的人得爱；舍身友谊的人有朋友；殚精竭虑而创造幸福的人便有幸福。

——莫罗阿

患难见真情。

——东鲁古狂生

朋友丰富人生。

——林肯

友谊是心灵的结合。

——伏尔泰

友谊永远是美德的辅佐。

——西塞罗

友谊使欢乐倍增，使悲痛锐减。

——弗朗西斯·培根

友谊是一棵可以庇荫的树。

——柯尔律治

友谊是一种和谐的平等。

——毕达哥拉斯

朋友一直都是我们的另一半。

——西塞罗

仇恨终将泯灭，友谊万古长青。

——西塞罗

真金不怕火炼，患难考验友谊。

——拉尔夫·沃尔多·爱默生

要结识朋友，自己得先是个朋友。

——哈伯德

友情的语言，不是文字，而是意义。

——梭罗

友谊是一个神圣而又古老的名字。

——奥维德

患难之中的友谊，能够使患难舒缓。

——莎士比亚

真正的友谊，是一株成长缓慢的植物。

——华盛顿

人世间的一切荣华富贵不及一个好朋友。

——伏尔泰

友谊是个无垠的天地，它多么宽广啊！

——罗·布朗宁

友谊之光像磷火，当四周漆黑之际最为显露。

——克伦威尔

世界上三件东西最宝贵：知识、粮食和友谊。

——缅甸民间谚语

真实而十分理智的友谊是人生最美好的无价之宝。

——高尔基

友谊是人生的调味品，也是人生的止痛药。

——拉尔夫·沃尔多·爱默生

朋友间必须患难相济，那才能说得上是真正的友谊。

——莎士比亚

除了一个真心的朋友之外，没有一样药剂是可以通心的。

——弗朗西斯·培根

友谊是两颗心真诚相待，而不是一颗心对另一颗心敲打。

——鲁迅

友谊不能成为一种交易，相反，它的需求是最彻底的无利害观念。

——莫罗阿

交情不像蘑菇，在树林子里是找不到的；孩子！它是长在你心里的。

——高尔基

在智慧提供给整个人生的一切幸福之中，以获得友谊最为重要。

——伊壁鸠鲁

最好的朋友是那种不喜欢多说，能与你默默相对而又息息相通的人。

——高尔基

用友谊的耙子铲除敌视和仇恨的种子，再在原来的地方种下和谐的嫩苗。

——狄更斯

友谊真是一种最神圣的东西，不光值得特别推崇，而且值得永远赞扬。

——伊壁鸠鲁

友谊，那是心灵神秘的结合者，生活的美化者，社会的巩固者。

——罗伯特·布拉亥

友谊能增进快乐，减轻痛苦，因为它能倍增我们的喜悦，分担我们的烦恼。

——爱迪生

和你一同笑过的人，你可能把他忘掉；但是和你一起哭过的人，你却永远不忘。

——纪伯伦

世界上没有比友谊更美好、更令人愉快的东西了；没有友谊，世界仿佛失去了太阳。

——西塞罗

友情在我过去的生活里就像一盏明灯，照彻了我的灵魂，使我的生存有了一点点光彩。

——巴金

自己先做一个好人，然后找和你相仿的人做你的朋友。能如此，友谊才能稳固地成长。

——西塞罗

交心不交面，从此重相忆。

——白居易

一旦朋友有难，或者事关道义，他显得毫无自私自利之心，总是挺身而出，排除万难。

——马克·吐温

我们要能多得到深挚的友谊，也许还要多多注意自己怎样做人，不辜负好友们的知人之明。

——邹韬奋

讲到名望、荣誉、享乐、财富等，如果拿来和友谊的热情相比，这一切都不过是尘土而已。

——达尔文

只要你想想一个人一生中有多少事是不能仅靠自己去做的，就可以知道友谊有多少益处了。

——弗朗西斯·培根

谁要在世界上遇到过一次友爱的心，体会过肝胆相照的境界，就是尝到了天上人间的欢乐。

——罗曼·罗兰

不要靠馈赠来获得一个朋友，你须贡献你挚情的爱，学习怎样用正当的方法来赢得一个人的心。

——苏格拉底

人生结交在终始，莫为升沉中路分。

——贺兰进明

阴险的友谊虽然允许你得到一些微不足道的小惠，却要剥夺你的珍宝——独立思考和对真理纯洁的爱！

——别林斯基

友谊是培养人的感情的学校。我们所以需要友谊，并不是想用它打发时间，而是要在人身上，在自己的身上培养美德。

——苏霍姆林斯基

最能施惠于朋友的，往往不是金钱或一切物质上的接济，而是那些亲切的态度，欢悦的谈话，同情的流露和纯真的赞美。

——本杰明·富兰克林

最长的友谊最能给人以欢乐。更何况还有这么一句至理名言：“在一起共过很多患难的人，其友谊才称得上牢不可破。”

——西塞罗

今日乐相乐，别后莫相忘。

——曹植

人生交契无老少，论交何必先同调。

——杜甫

少年乐新知，衰暮思故友。

——韩愈

相识满天下，知心能几人。

——冯梦龙

一个人在其人生道路上如果不注意结识新交，就会很快感到孤单。人应当不断地充实自己对别人的友谊。

——塞缪尔·约翰逊

冤家宜解不宜结，各自回头看后头。

——冯梦龙

一死一生，乃知交情；一贫一富，乃知交态；一贵一贱，交情乃见。

——司马迁

友情为人生之酒。

——杨格

在无利害观念之外，互相尊敬似乎是友谊的另一要点。

——莫罗阿

友谊是我们哀伤时的缓和剂，激情的疏解剂；是我们压力的流泻口，我们灾难时的庇护所；是我们犹疑时的商议者，我们脑子的清新剂，我们思想的散发口，也是我们沉思的锻炼和改进。

——杰里米·泰勒

盖钟子期死，伯牙终身不复鼓琴。

——班固

到月亮上去不算太远；我们要走的最大距离还是在我们之间。

——戴高乐

对于聪明人来说，劝告是多余的；对于愚昧人来说，劝告是不够的。

——莫里哀

很多显得像朋友的人其实不是朋友，而很多是朋友的并不显得像朋友。

——德谟克利特

如果说，友谊能够调剂人的感情的话，那么友谊的又一种作用则是能增进人的智慧。

——弗朗西斯·培根

若知四海皆兄弟，何处相逢非故人。

——陈刚中

山河不足重，重在遇知己。

——鲍溶

万两黄金容易得，知心一个也难求。

——曹雪芹

在情谊方面，世界好像是一个小商贩，它只能把情谊零星地出售。

——罗曼·罗兰

真正的友谊不是一株瓜蔓，会在一夜之间蹿起来，在一天之内枯萎下去。

——夏洛蒂·勃朗特

助人为乐的人确实有，不过只有毫无嫉妒之心、能衷心祝愿你幸福的人，才堪称真正的朋友。

——海涅

名声是无味的向日葵，戴着一顶华丽而俗不可耐的金冠；友谊则是鲜润的玫瑰花，褶褶瓣瓣散发着沁人的芳香。

——霍姆斯

和好人交友，必然会受到好的陶冶；和恶人为伍，必然也要受到恶的熏染。风吹过香物以后，必然也会发出馨香；风吹过臭物之后，必然就要发出臭味。

——伊本·穆加发

友谊是慷慨和荣誉最贤惠的母亲，是感激和仁慈的姐妹，是憎恨和贪婪的死敌；它时时刻刻都准备舍己为人，而且完全出于自愿不用他人恳求。

——薄伽丘

真正的朋友应该说真话，不管话多么尖锐。

——奥斯特洛夫斯基

实际上，人们的联合是不可思议的，是一条神奇的“友爱”纽带把所有的人联系在一起。

——卡莱尔

你不要把那人当作朋友，假如他在你幸运时表示好感；只有那样的人才算朋友，假如他能解救你的危难。

——萨迪

君子之接如水，小人之接如醴。

——戴圣

大丈夫处世，当交四海英雄。

——陈寿

真正的朋友，在你获得成功的时候，为你高兴而不捧场；在你遇到不幸或悲伤的时候，会给你及时的支持和鼓励；在你有缺点可能犯错误的时候，会给你正确的批评和帮助。

——高尔基

择友宜慎，弃之更宜慎。

——富兰格林

赢得友谊要靠智慧，保持友谊要靠美德，这两者是同等重要的。

——威·佩因特

为门庭增添光彩的是来做客的朋友。

——拉尔夫·沃尔多·爱默生

07

相逢

相逢方一笑，相送还成泣。

——王维

天涯流落思无穷，既相逢，却匆匆。

——苏轼

相逢还是，冰壶浴罢，牙床酒醒。

——王沂孙

相逢靓妆俊语，有旧家、京洛风流。

——王沂孙

远君明珠双泪垂，恨不相逢未嫁时。

——张籍

度尽余波兄弟在，相逢一笑泯恩仇。

——鲁迅

从别后，忆相逢，几回魂梦与君同。

——晏几道

有情不管别离久，情在相逢终有。

——晏几道

洛阳城北复城东，魂车祖马长相逢。

——王建

万里相逢欢复泣，凤巢西隔九重门。

——李商隐

征埃成阵，行客相逢，都道幻出层楼。

——辛弃疾

过眼年华，动人幽意，相逢几番春换。

——王沂孙

离别使爱情热烈，相逢则使它牢固。

——托·富勒

同是天涯沦落人，相逢何必曾相识！

——白居易

有缘千里来相会，无缘对面不相逢。

——施耐庵

还君一钵无情泪，恨不相逢未剃时。

——苏曼殊

若问相思何处歇，相逢便是相思澈。

——晏几道

人生所贵在知己，四海相逢骨肉亲。

——萨都剌

忍把千金酬一笑？毕竟相思，不似相逢好。

——邵瑞彭

一壶浊酒喜相逢，古今多少事？都付笑谈中。

——杨慎

长江东，长江西。两岸鸳鸯两处飞。相逢知几时。

——欧阳修

每一个人都有属于自己的一片森林，迷失的人迷失了，相逢的人会再相逢。

——村上春树

东入黄河水，茫茫泛纡直。北望太行山，峨峨半天色。山河相映带，深浅未可测。自昔有贤才，相逢不相识。

——高适

今宵莫惜醉颜红，十分中，且从容。须信欢情，回首似旋风。流落天涯头白也，难得是，再相逢。

——李之仪

阑干掐遍等新红，酒频中，恨匆匆。投得花开，还报夜来风。惆怅春光留不住，又何似，莫相逢。

——李之仪

错过是为了下一次更好的相遇，如果相遇，我会更懂得如何珍惜。

——仓央嘉措

为了在今生能遇到你，我在前生，早已留有余地。

——仓央嘉措

佛说：万法皆生，皆系缘分。偶然的相遇，蓦然的回首，注定彼此的一生，只为眼光交汇的刹那。缘起即灭，缘生已空。

——仓央嘉措

08 善良

善人者，人亦善之。

——管仲

灵魂最美的音乐是善良。

——罗曼·罗兰

善与恶是同一块钱币的正反两面。

——罗曼·罗兰

善良是历史中稀有的珍珠，善良的人几乎优于伟大的人。

——雨果

越是善良的人，越察觉不出别人的居心不良。

——米列

如果说美貌是推荐信，那么善良就是信用卡。

——布尔沃·利顺

善的源泉是在内心，如果你挖掘，它将汩汩地涌出。

——奥勒利乌斯

善不是一种学问，而是一种行为。

——罗曼·罗兰

慈悲不是出于勉强，它是像甘露一样从天上降下尘世；它不但给幸福于受施的人，也同样给幸福于施与的人。

——莎士比亚

善良与品德兼备，犹如宝石之于金属，两者互为衬托，益增光彩。

——萧伯纳

真正有才能的人总是善良的、坦白的、爽直的，绝不矜持。

——巴尔扎克

善良的行为有一种好处，就是使人的灵魂变得高尚，并且使它可以做出更美好的行为。

——卢梭

大凡善良的人总喜欢把人往好处想，总是把人想得比实际上更好，总爱夸大他们的好处。对于这样的人来说，以后的幻灭是很难过的，在他们觉得自己负有责任时就更难过了。

——陀思妥耶夫斯基

诚无不动者，修身则身正，治事则事理。

——杨时

善良的心就是太阳。

——雨果

人之为善，百善而不足。

——杨万里

利人的品德我认为就是善。

——弗朗西斯·培根

善良的心地就是黄金。

——莎士比亚

做一个善良的人，为人类去谋幸福。

——高尔基

慈善的行为比金钱更能解除别人的痛苦。

——卢梭

老是考虑怎样去做好事的人，就没有时间去做好事。

——泰戈尔

与其说是为了爱别人而行善，不如说是为了尊敬自己。

——福楼拜

善恶的区别，在于行为的本身，不在于地位的有无。

——莎士比亚

人之性也，善恶混，修其善则为善人，修其恶则为恶人。

——扬雄

感人肺腑的人类善良的暖流，能医治心灵和肉体的创伤。

——罗佐夫

若把黑白和善恶放到一处，相形之下，彼此才可见得分明。

——乔叟

你如果真正是一个善良而正直的人，那么，当你行仁守义的时候，永远不会遇到伤害。

——柏拉图

没有一个善良的灵魂，就没有美德可言。

——贝多芬

在一切道德品质之中，善良的本性在世界上是最需要的。

——罗素

对自然美抱有直接兴趣，是心地善良的标志。

——康德

09

意志

谁有进取的意志，谁就干得成。

——罗曼·罗兰

尽管我们用判断力思考问题，但最终解决问题的还是意志，而不是才智。

——沃勒

有了精神上的痛苦，肉体的痛苦就变得微不足道了；但因为精神的痛苦是肉眼看不见的，倒反不容易得到人家同情。

——拉尔夫·沃尔多·爱默生

有困难是坏事也是好事，困难会逼着人想办法，困难环境能锻炼出人才来。

——徐特立

要是一个人，能充满信心地朝他理想的方向去做，下定决心过他所想过的生活，他就一定会得到意外的成功。

——戴尔·卡耐基

你想有所作为吗？那么坚定地走下去吧！后退只会使你的意志衰退。

——罗·赫里克

一旦有了意志，脚步也会轻松起来。

——欧洲民间谚语

万事皆由人的意志创造。

——普劳图斯

意志是每一个人的精神力量，是要创造或是破坏某种东西的自由憧憬，是能从无中创造奇迹的创造力。

——莱蒙托夫

谁中途动摇信心，谁就是意志薄弱者；谁下定决心后，缺少灵活性，谁就是傻瓜。

——诺尔斯

不做什么决定的意志不是现实的意志；无性格的人从来不做决定。

——黑格尔

没有力量的意志就如同假装士兵的孩子。

——坎宁

意志命运往往背道而驰，决心到最后会全部推倒。

——莎士比亚

一切理论都反对自由意志；一切经验都赞成自由意志。

——塞缪尔·约翰逊

没有伟大的意志力，就不可能有雄才大略。

——巴尔扎克

使意志获得自由的唯一途径，就是让意志摆脱任性。

——黑尔

一切痛苦能够毁灭人，然而受苦的人也能把痛苦消灭。

——拜伦

生活的道路一旦选定，就要勇敢地走到底，绝不回头。

——左拉

哪里有意志存在，哪里就会有出路。

——歌德

无论是美女的歌声，还是鬣狗的狂吠；无论是鳄鱼的眼泪，还是恶狼的嚎叫，都不会使我动摇。

——乔治·查普曼

意志是独一无二的个体所拥有的、以纠正自己的自动性的力量。

——劳伦斯

意志是一个强壮的盲人，倚靠在明眼的跛子肩上。

——叔本华

我们的一代也是这样在斗争中和可怕的考验中锻炼出来的，学习了不在生活面前屈服。

——奥斯特洛夫斯基

生命里最重要的事情是要有个远大的目标，并借助才能与坚毅来完成它。

——歌德

成大事不在于力量的大小，而在于能坚持多久。

——塞缪尔·约翰逊

告诉你使我达到目标的奥秘吧，我唯一的力量就是我的坚持精神。

——巴斯德

我的本质不是我的意志的结果，相反，我的意志是我的本质的结果，因为我先有存在，后有意志，存在可以没有意志，但是没有存在就没有意志。

——费尔巴哈

你们应该培养对自己的力量的信心，而这种信心是靠克服障碍、培养意志和锻炼意志而获得的。

——高尔基

思想的形成，首先是意志的形成。

——莫洛亚

只有刚强的人，才有神圣的意志，凡是战斗的人，才能取得胜利。

——歌德

事情是很简单的，全部秘诀只有两句话：不屈不挠；坚持到底。

——陀思妥耶夫斯基

要做到坚韧不拔，最要紧的是坚持到底。

——陀思妥耶夫斯基

坚持意志伟大的事业，需要始终不渝的精神。

——伏尔泰

在希望与失望的决斗中，如果你用勇气与坚决的双手紧握着，胜利必属于希望。

——普里尼

书不记，熟读可记；义不精，细思可精；惟有志不立，直是无着力处。

——朱熹

既然我已经踏上这条道路，那么任何东西都不应妨碍我沿着这条路走下去。

——康德

立志不坚，终不济事。

——朱熹

意志目标不在自然中存在，而在生命中蕴藏。

——武者小路实笃

意志若是屈从，不论程度如何，它都帮助了暴力。

——但丁

只要有坚强的意志力，就自然而然地会有能耐、机灵和知识。

——陀思妥耶夫斯基

能够岿然不动，坚持正见，渡过难关的人是不多的。

——雨果

意志就是力量。

——拉丁美洲民间谚语

立志用功，如种树然，方其根芽，犹未有干；及其有干，尚未有枝；枝而后叶，叶而后花。

——王阳明

只有执着追求并从中得到最大快乐的人，才是成功者。

——梭罗

有百折不挠的信念所支持的人的意志，比那些似乎是无敌的物质力量有更强大的威力。

——爱因斯坦

意志的出现不是对愿望的否定，而是把愿望合并和提升到一个更高的意识水平上。

——罗洛·梅

疼痛的强度，同自然赋予人类的意志和刚度成正比。

——武者小路实笃

永远没有人力可以击退一个坚决强毅的希望。

——金斯莱

一个崇高的目标，只要不渝地追求，就会成为壮举；在它纯洁的目

光里，一切美德必将胜利。

——华兹华斯

卓越的人的一大优点是：在不利和艰难的遭遇里百折不挠。

——贝多芬

在坚强的意志面前，一切都会臣服。

——泰戈尔

意志与智慧两者是相同的。

——斯宾诺莎

只要有决心和毅力，什么时候也不算晚。

——克雷诺夫

意志引人入坦途，悲伤陷人于迷津。

——斯宾塞

培养意志是我们生存的目标。

——拉尔夫·沃尔多·爱默生

有了坚定的意志，就等于给双脚添了一双翅膀。

——乔·贝利

10

青春

青年是生命之晨，是日之黎明，充满了纯净、幻想及和谐。

——席德布朗

少年像一个快乐的王子，他不问天多高，也不知人间尚有烦恼，一心只想摘下天上的明星，铺一条光辉灿烂的大道。

——拜尔

春天是自然界一年中的新生季节，而人生的新生季节，就是一生中只有一度的青春。

——西塞罗

勇敢产生在斗争中，勇气是在每天对困难的顽强抵抗中养成的，我们的青年箴言就是勇敢、顽强，就是排除一切障碍。

——奥斯特洛夫斯基

我们的青年是一种正在不断成长、不断上升的力量，他们的使命，是根据历史的逻辑来创造新的生活方式和生活条件。

——高尔基

青春是一种不可思议的伟大力量。它催发着青年人的躯体，启迪着他们的智慧，同时也灌输着热烈的盛情和坚强的理智。

——李准

一个人在年轻的时候，没有什么能把他搞垮。

——奥尼尔

青春是一种持续的陶醉，是理智的狂热。

——拉罗什富科

青春的朝气和前进不已的好奇心若消失，人生就没有意义了。

——穆勒

有很多人是用青春的幸福作成功代价的。

——莫扎特

要成就大事业就要趁青年时代。

——歌德

人世间，比青春再可贵的东西实在没有，然而青春也最容易消逝。最可贵的东西却不甚为人们所爱惜，最易消逝的东西却在促使它的消逝。谁能保持永远的青春，便是伟大的人。

——郭沫若

青年是多么美丽！发光发热，充满了彩色与梦幻，青春是书的第一章，是永无终结的故事。

——朗弗罗

身体静卧着，可热血在沸腾，生命是一个中间不停顿的进程，起来吧，年轻人！一旦旅途到了尽头，你定会有时间睡个足够。

——豪斯曼

青春是奇妙的，我看到少女们浪费青春，就替她们伤心。

——萧伯纳

人们在年轻的时候，都不知道自己年轻。

——切斯特顿

年轻时代是培养习惯、希望及信仰的一段时光。

——罗斯金

在年轻人的颈项上，没有什么东西比事业心这颗灿烂的宝珠更迷人了。

——拉尔夫·沃尔多·爱默生

在奉献的幸福之杯中，只要觉察到一点耻辱的渣滓或一丝悔恨的苦味，青春就会立即逝去。

——夏洛蒂·勃朗特

青春，这是无法挽回的。优美的灵魂像影子一般来了就去。然而这两个东西是火焰也是风暴啊。

——德莱塞

青春如初春，如朝日，如百卉之萌动，如利刃之新发于硎，人生最宝贵之时期也。青年之于社会，犹新鲜活泼细胞之在身。

——陈独秀

青春的幻想既狂热又可爱。

——约肖特豪斯

人生最大的感叹是：年轻的激情从未实现；年老的追忆从没发生。勇气是青年人漂亮的装饰。假若人生下来就是中年，然后再渐渐年轻起来，那样，他就会珍惜一切时光，绝不会在无谓的事情上消耗自己。夜晚给老年人带来平静，风华正茂给青年人带来希望。

——萧伯纳

青春时光转眼即逝。

——贺拉斯

你不能同时又有青春又有关于青春的知识。因为青春忙于生活，而顾不得去了解；而知识为着要生活，而忙于自我寻求。

——纪伯伦

我始终认为青春是美丽的东西，而且对我来说，它永远是鼓舞的源泉。

——巴金

只是向上走，不必听自暴自弃者的话。能做事的做事，能发声的发声。有一分热，发一分光，就连萤火一般，也可以在黑暗里发一点光，不必等候炬火。

——鲁迅

青春虚度无所成，白首衔悲亦何及。

——权德舆

变坏的绝不是新生的一代，只有在年长的人已经腐化之后，他们才会败坏下去。

——孟德斯鸠

青年人，我们要鼓足勇气，无论现在有人要怎样与我们为难，我们的前途一定美好。

——雨果

我能够在年富力强的时候，去寻求低下和没落的生活吗？我能够在晚年渐近的时候，将目标转向享乐和名利吗？

——琴纳

青春是生命中最美好的一段时间。

——黑格尔

青春时期的任何事情都是考验。

——史蒂文森

有些人到了老年才第一次体验自己的青春。

——保罗

生命的黎明是乐园，青春才是真正的天堂。

——华兹华斯

所谓青春，就是心理的年轻。

——松下幸之助

青春一去不复返，事业一纵永无成。

——勃朗宁

人的一生只有一次青春。

——朗弗罗

当青春的光彩渐渐消逝，永不衰老的内在个性却在一个人的脸上和眼睛里更加明显地表露出来，好像是在同一地方久住了的结果。

——泰戈尔

青春是没有经验和任性的。

——泰戈尔

对一个年轻人来讲，最令人惊异、最令人舒畅之事，莫过于在一位老人身上发现精神的青春。

——莫洛亚

青春是人生最快乐的时光，但这种快乐往往是因为它充满着希望。

——卡莱尔

孩子灵魂的丰富创造，补偿了母亲灵魂的日渐贫乏。青春是玫瑰花环，老年如荆棘王冠。

——希伯莱

在年轻人中间，有着不满，有着愤怒的、激昂的谈话。但待后来他们做了成年人，娶了亲，在他们心里充满忧愁的时候，他们那散漫着的青春的怒火，收敛起来，成为剧痛的失望，成为深刻到不能言喻的反感。

——赛珍珠

青春似一日之晨，它冰清玉洁，充满着遐想与和谐。

——夏多布里昂

迟到的青春是持久的青春。

——尼采

白发无凭吾老矣！青春不再汝知乎？年将弱冠非童子，学不成名岂丈夫。

——俞良弼

初恋那是一场革命：单调、正规的生活方式刹那间被摧毁和破坏了；青春站在街垒上，它那辉煌的旗帜高高地飘扬——不论前面等待着它的是什么——死亡还是新的生活——它向一切都致以热烈的敬意。

——屠格涅夫

不管有了成就也好，还是有了虚荣心也好，不管是讽刺别人也好，还是我自己爱情的痛苦也好，总之，在欢乐与悲伤中，温暖的青春光辉仍然在照耀着我。

——海塞

青春留不住，白发自然生。

——杜牧

青春啊，难道你始终囚禁在狭小的圈子里？你得撕破老年的蛊惑人心的网。

——泰戈尔

有人说青春就是批判的年华，这种说法并不夸张。这种批判的特点具有很高的积极性和很强的原则性。

——苏霍姆林斯基

如果青春的发卷可以用胜利换取，无疑他会用他的若干胜利交换。

——蒙森

啊，青春！青春！或许你美妙的全部奥秘不在于能够做出一切，而在于希望做出一切。

——屠格涅夫

百金买骏马，千金买美人；万金买高爵，何处买青春。

——屈复

青春是人生之花，是生命的自然表现。

——池田大作

儿童时期，再加上刚刚进入青春时期的两三年，是生活中最充足的、最优美的、最属于我们的部分，它不知不觉地决定整个未来。

——赫尔岑

青少年是一个美好而又一去不可再得的时期，是将来一切光明和幸福的开端。

——加里宁

如果自己的青春放不出光彩，任何东西都会失去魅力。

——霍·华尔浦尔

益重青青志，风霜恒不渝。

——李隆基

世上有许多美人，她们有过放荡的青春，却迎受着愧悔的晚年。

——弗朗西斯·培根

青春在你身上，你有人生最可贵的东西。

——德莱塞

痛苦和寂寞对年轻人是一剂良药，它们不仅使灵魂更美好、更崇高，还保持了它青春的色泽。

——大仲马

万事须已远，他得百我闲。青春须早为，岂能常少年？

——孟郊

你们这些生在今日的人，你们这些青年，现在要轮到你们了，踏实

在我们的身体上面向前吧。但愿你们比我们更伟大、更幸福。

——罗曼·罗兰

青春是在它即将逝去的时候最具有魅力。

——塞涅卡

青年时种下什么，老年时就收获什么。

——易卜生

青年是学习智慧的时期，老年是付诸实践的时期。

——卢梭

青春不是人生的一段时期，而是心灵的一种状态。

——塞涅卡

斗争的生活使你干练，苦闷的煎熬使你醇化；这是时代要造成青年为能担负历史使命的两件法宝。

——茅盾

要紧的事情是别浪费你的青春和元气。

——契诃夫

青春最漂亮的装饰应该是勇气。

——雷马克

希望会使你年轻，因为希望和青春是同胞兄弟。

——雪莱

青春期完全是搜索的大好时光。

——史蒂文森

自信和希望是青年的特权。

——大仲马

青春时代是一个短暂的美梦，当你醒来时，这早已消失得无影无踪了。

——莎士比亚

青春的辞典里没有失败的字眼。

——李顿

题诗寄汝非无意，莫负青春取自惭。

——于谦

滥用青春，胜于虚度青春。

——乔治·库特林

青春是诗歌丰收的季节，而老年则更适宜哲学上的收获。

——叔本华

青春并不像一袭新衣，好像我们仔细少穿一点就可以保持簇新似的。

——弗朗西斯·斯科特·菲茨杰拉德

青春，当我们有它的时候，我们一定要每天穿用它，而它则很快就会消逝。

——梅尔加

青年时期是豁达的时期，应该利用这个时期养成自己豁达的性格。

——罗素

青年时期是培养习惯、希望和信念的时候。

——拉斯金

青春是生命的春天。

——雨果

年老时最大的安慰莫过于意识到，已经将青春的全部力量奉献给了永不衰老的事业。

——叔本华

要获得理智，须付出昂贵的代价，它必须以青春为代价。

——拉法耶特夫人

我已享受过这世界的欢愉，青春的快乐早已流逝，生命的春天离我非常遥远。

——海塞

没有人会感觉到，青春正在消逝；但任何人都会感觉到，青春已经消逝。

——塞涅卡

青春是唯一值得拥有的东西。

——王尔德

青年男女即使在悲哀中也总有自己的光彩。

——雨果

青年人的特点在于他们抱有做理想事业的宏大志愿。

——加里宁

镜中已觉星星误，人不负春春自负。

——辛弃疾

旅行对我来说，是恢复青春活力的源泉。

——安徒生

乐观的人永葆青春。

——拜伦

青春的爱情之吻是一个长长的吻。

——拜伦

白日放歌须纵酒，青春作伴好还乡。

——杜甫

青春终究是幸福，因为它有未来。

——果戈里

青春去时不告别，老年来时不招手。

——俄罗斯民间谚语

四十岁是青年的老年期，五十岁是老年的青春期。

——法国民间谚语

即使青春是一种错误，也是一种迅速得到纠正的错误。

——歌德

世界上是先有爱情，才有表达爱情的语言的，在爱情刚到世界上来的青春时期中，它学会了一套方法，往后可始终没有忘掉过。

——杰克·伦敦

青春背我堂堂去，白发欺人故故生。

——薛能

科学的全部目的，就是有意识地取得大自然无代价赋予青春的一切。

——屠格涅夫

思想是行动的基础，它把青年拉向一方去，而生活和利益的实际要求把他们拉向另一方去。在大多数情况下，生活总是占上风的，于是，大多数受教育的青年人经过了一段热烈的青春迷恋时期之后，就走上了已经踏平的道路，而且渐渐走得习惯了。

——柯罗连科

一支拉普兰歌曲的诗句，直到如今也不能遗忘："孩子的愿望是风的愿望，青春的思想是悠长的思想。"

——朗弗罗

青春和天才携手同行，无疑是世间最美好的景象。

——美国民间谚语

寄生虫在青春里筑巢，在暮年里生根。

——威廉·柯珀

人之所以悲伤，是因为我们留不住岁月；更无法不承认，青春，有一日是要这么自然地消失过去。人的生命不在于长短，在于是否痛快地活过。

——三毛

相信青春是一生当中最快乐的时光，是一种谬误。最快乐的人是想着最有趣味的思想的人，因而我们是愈老愈快乐。

——威廉·利昂·菲尔普斯

青春并不是生命中一段时光，它是心灵上的一种状况。它跟丰润的面颊，殷红的嘴唇，柔滑的膝盖无关。它是一种沉静的意志、想象的能力、感情的活力，它更是生命之泉的新血液。

——辛尼加

青春就是这样脆弱到无法挽留的东西。

——张爱玲

虚度年华，青春就要褪色，生活就会抛弃他们。

——雨果

除了青春和爱，我们一无所有。现实有现实的空间，梦想并不容易实现，醒来时才突然发现，自己一直都在幸福的旁边。

——张爱玲

友谊、活跃和青春的歌声会减轻我们的痛苦。

——空茨凯维支

撇开友谊，无法谈青春，因为友谊是点缀青春的最美的花朵。

——池田大作

青春是块原料，迟早要制作成形。

——莎士比亚

超乎一切之上的一件事，就是保持青春朝气。

——莎士比亚

保持一生壮健的真正方法是延长青春的心。

——英国民间谚语

青春的梦想，是未来的真实的投影。

——济慈

岁月流逝，青春的美酒并不总是清澈的，有时它会变得浑浊。

——莱格

青春的特征乃是动不动就要背叛自己，即使身旁没有诱惑的力量。

——莎士比亚

水流东海不回头，误了青春枉发愁。

——中国民间谚语

喂，你可曾听说，才思也许能在青春年少时获得，智慧也许会在腐朽前成熟。

——拉尔夫·沃尔多·爱默生

当我们为一去不复返的青春叹息时，我们应该考虑将来的衰老，不要到那时再为没有珍惜壮年而悔恨。

——拉布吕耶尔

等青春轻飘的烟雾把少年的欢乐袅袅褪去之后，我们就能取得一切值得吸取的东西。

——普希金

一个人向前瞻望的时候，如果看不到一点快乐的远景，他在世界上就不能活下去。

——马卡连柯

如果说青春也有缺点，那就是它消逝得太快。

——拉·洛威尔

时间会刺破青春表面的彩饰；会在美人的额上掘深沟浅槽；会吃掉

稀世之珍！天生丽质，什么都逃不过那横扫的镰刀。

——莎士比亚

青春岂不惜，行乐非所欲。

——文天祥

一个人只要他有纯洁的心灵，无愁无恨，他的青春时期定可因此而延长。

——司汤达

青春并不是指生命的某个时期，而是指一种精神状态。

——塞·厄尔曼

人生的跑道是固定的。大自然只给人一条路线，而这条路线也只能够跑一次。人生的各个阶段，都各自分配了适当特质：童年的软弱，青春期的鲁莽，中年的严肃，老人的阅历，都各结出自然的果实，须在它当令的时候予以储存。每个阶段都有值得人们享受爱好的事物。

——西塞罗

精力充沛的青春，是不怎么容易灭亡的。

——卡罗萨

青年人满身都是精力，正如春天的河水那样丰富。

——拜伦

青春是不耐久藏的东西。

——莎士比亚

有了金钱就能在这个世界上做很多事，唯有青春却无法用金钱来购买。

——莱曼特

青年的思想愈被榜样的力量所激励，就愈会发出强烈的光辉。

——法捷耶夫

必须永远朝着黎明、青春和生命那方面看。

——雨果

少年从不会抱怨自己如花似锦的青春，美丽的年华对他们来说是珍贵的，哪怕它带着各式各样的风暴。

——乔治·桑

青年的敏感和独创精神，一经与成熟的科学家丰富的知识和经验相结合，就能相得益彰。

——贝弗里奇

青春是有限的，智慧是无穷的，趁短暂的青春，去学习无穷的智慧。

——高尔基

青春活力，可以说是把我们整个身心都舒展开了，同时用生活的乐趣把我们眼前的万物也美化了。

——卢梭

一个民族的年轻一代要是没有青春，那就是这个民族的大不幸。

——赫尔岑

生活赋予我们的一种巨大的和无限高贵的礼品，这就是青春：充满着力量，充满着期待、志愿，充满着求知和斗争的志向，充满着希望、信心的青春。

——奥斯特洛夫斯基

11

坚强

不害怕痛苦的人是坚强的，不害怕死亡的人更坚强。

——迪亚娜夫人

如果你足够坚强，你就是史无前例的。

——司科特·菲茨杰拉德

强者容易坚强，正如弱者容易软弱。

——拉尔夫·沃尔多·爱默生

伟大人物最明显的标志，就是坚强的意志。

——爱迪生

坚强者能在命运之风暴中奋斗。

——爱迪生

强烈的信仰会赢取坚强的人，然后又使他们更坚强。

——华特·贝基霍

失败是坚韧的最后考验。

——俾斯麦

坚韧是意志的最好助手。

——欧洲民间谚语

事业常成于坚韧，毁于急躁。

——萨迪

哪怕是自己的一点小小的克制，也会使人变得强而有力。

——高尔基

由于勇敢的坚韧，无可避免的祸患将会被征服。

——欧洲民间谚语

坚毅可以战胜强大。

——非洲民间谚语

男儿立身须自强。

——李颀

天行健，君子以自强不息。

——周文王

以不息为体，以日新为道。

——刘禹锡

眼前多少难甘事，自古男儿当自强。

——李咸用

下手处是自强不息，成就处是至诚无息。

——金缨

自强为天下健，志刚为大君之道。

——康有为

君子敬其在己者，而不慕其在天者，是以日进也。

——荀子

要知道，能在困境中保持自强是多么令人崇敬啊！

——朗弗罗

谁没有耐心，谁就没有智慧。

——萨迪

道足以忘物之得丧，志足以一气之盛衰。

——苏轼

人就个人而言终有一死，就整体而言则是不朽的。

——艾普利亚

成功的脑子像钻子一样，动作集中到一点。

——博维

意志薄弱的人不可能真诚。

——拉罗什富科

请记住，环境越艰难困苦，就越需要坚定毅力和信心，而且懈怠的害处也就越大。

——列夫·托尔斯泰

不患不能柔，唯患不能刚；唯刚斯不惧，唯刚始有为。

——罗学瓒

几个苍蝇咬几口，绝不能羁留一匹英勇的奔马。

——伏尔泰

决定一个人的一生以及整个命运的，只是一瞬之间。

—— 歌德

艺术的大道上荆棘丛生，这也是好事，常人望而却步，只有意志坚强的人例外。

——雨果

12 奋斗

奋斗之心，人皆有之。

——李叔同

世界上最快乐的事，莫过于为理想而奋斗。

——苏格拉底

必须在奋斗中求生存，求发展。

——茅盾

奋斗以求改善生活，是可敬的行为。

——茅盾

一个人必须经过一番刻苦奋斗，才会有所成就。

——安徒生

生活好比橄榄球比赛，原则就是奋力冲向底线。

——罗斯福

真的猛士，敢于直面惨淡的人生，敢于正视淋漓的鲜血。

——鲁迅

重要的不是成功，而是奋斗。

——乔·赫伯特

名言佳句

这世界是个好地方，值得为它奋斗！

——海明威

用功不求太猛，但求有恒。

——曾国藩

凡是能冲上去、能散发出来的焰火，都是美丽的。

——安徒生

发明家全靠一股了不起的信心支持，才有勇气在不可知的天地中前进。

——巴尔扎克

业精于勤，而荒于嬉；行成于思，而毁于随。

——韩愈

任何事业都可能受挫折，虽然为事业而奋斗的人是伟大的。

——本涅特

我没有别的东西奉献，唯有辛劳、泪水和血汗。

——丘吉尔

发明的秘诀在于不断的努力。

——梭罗

追上未来，抓住它的本质，把未来转变为现在。

——车尔尼雪夫斯基

伟大的事业是根源于坚韧不断地工作，以全副精神去从事，不避艰苦。

——罗素

脚跟立定以后，你必须拿你的力量和技能自己奋斗。

——萧伯纳

凡事欲成功，必要付出代价——奋斗。

——拉尔夫·沃尔多·爱默生

大凡做一件事，就要当一件事；若还苟且粗疏，定不成一件事。

——吕明

所有坚韧不拔的努力迟早会取得报酬。

——安格尔

我们不能控制生活，但是我们能够和它斗争。

——高尔斯华绥

共同的事业，共同的斗争，可以使人们产生忍受一切的力量。

——奥斯特洛夫斯基

伟大的事业，需要决心、能力、组织和责任感。

——易卜生

攀登顶峰，这种奋斗的本身就足以充实人的心。人们必须相信，垒山不止就是幸福。

——阿尔伯特·加缪

社会犹如一条船，每个人都要有掌舵的准备。

——易卜生

我宁愿靠自己的力量打开我的前途，而不求权势者垂青。

——雨果

在这个并非尽善尽美的世界上，勤奋会得到报偿，而游手好闲则要受到惩罚。

——毛姆

只有这样的人才配生活和自由，假如他每天为之而奋斗。

——歌德

士人第一要有志，第二要有识，第三要有恒。

——曾国藩

充满着欢乐与斗争精神的人们，永远带着欢乐，欢迎雷霆与阳光。

——赫胥黎

改造自己，总比禁止别人来得难。

——鲁迅

当你的希望一个个落空，你也要坚定，要沉着！

——朗弗罗

做你所应做的事情。能有什么结果则在其次。

——赫伯特

凡人做一事，便须全副精神，注在此事，首尾不懈，不可见异思迁。

——曾国藩

一个没有受到献身的热情所鼓舞的人，永远不会做出什么伟大的事情来。

——车尔尼雪夫斯基

天才就是无止境刻苦勤奋的能力。

——卡莱尔

聪明出于勤奋，天才在于积累。

——华罗庚

一个人必须面向未来，想着要着手做的事情。但这并不容易做到。一个人的过去是一种日益加重的负担。

——罗素

正确的道路是这样，吸取你的前辈所做的一切，然后再往前走。

——列夫·托尔斯泰

停止奋斗，生命也就停止了。

——卡莱尔

这世界只要留心去看，应该还有许多当做的事。为了找不到工作而怨叹的人，我认为是没有真正付出努力去寻找的缘故。

——松下幸之助

支配战士行动的力量是信仰。他能够忍受一切艰难、痛苦，达到他所选定的目标。

——巴金

古之立大事者，不惟有超世之才，亦必有坚忍不拔之志。

——苏轼

当你没有主意做什么时，时间就飞走了。

——丘吉尔

对真理和知识的追求并为之奋斗，是人的最高品质之一。

——爱因斯坦

我未必稳操胜算，却始终以诚处世；我未必马到成功，却不忘心中真理。

——林肯

人若有志，万事可为。

——范晔

对我来说，一件尚未实现的事，就是我有生之年的最大鞭策。

——埃尔温·怀特

如果没有勇气远离海岸线，长时间在海上孤寂地漂流，那么你绝不可能发现新大陆。

——纪德

如果我们真想知道自己的心境，就应先看看自己的行动。

——托马斯·伍德罗·威尔逊

当我活着的时候，我要做生命的主宰，而不做它的奴隶。

——惠特曼

不用滞留采花保存，只管往前走去，一路上百花自会盛开。

——泰戈尔

生活总是让我们遍体鳞伤，可是后来，那些受伤的地方一定会变成我们最强壮的地方。

——海明威

13

力量

三寸之舌能驱使五尺之躯。

——俄罗斯民间谚语

谁要是有智慧，谁就有力量。

——印度民间谚语

我们爱力量，但却很少考虑如何去显示它。

——拉尔夫·沃尔多·爱默生

力量不能奏效的可以代之以计谋。

——克拉肖

力量是一种毕生的乐趣。

——威廉·布莱克

力量是用它所战胜的事物来衡量的。

——帕克

弓如果永远不张，便会失去它的力量。

——奥维德

不伴随力量的正义是无效的，不伴随正义的力量是暴虐的。

——法国民间谚语

我们征服了力量，于是我们便得到了力量。

——拉尔夫·沃尔多·爱默生

有一股无所不在、至高无上的力量掌管这个大千世界，而你是这力量的一部分。

——普兰特斯·马福德

这股力量来自你的内在，然而，如果不把这力量给出去，就无法得到它。

——查尔斯·哈尼尔

我爱力量，我所爱的力量，一只蚂蚁所显示出来的可以和一只大象显示的相等。

——司汤达

假如你具有超出常人的巨大力量，使用时就应该轻而小心了。

——塞内加

世界上只有两种力量：利剑和精神，从长远说，精神总能战胜利剑。

——拿破仑

信仰是人类认识自己智慧力量的结果，这种信仰创造英雄，却并不创造且将来也不会创造上帝。

——高尔基

美因为美的力量而貌似正确，孱弱因弱而貌似错误。

——勃朗宁

不知用在何处的力量是没有用的。

——托·富勒

刀鞘保护刀的锋利，它自己则满足于它的迟钝。

——泰戈尔

宇宙，就是盲目的力量的总和，靠着摧毁抵抗力软弱来保持平衡。

——杜伽尔

一个人要帮助弱者，应当自己成为强者，而不是和他们一样变成弱者。

——罗曼·罗兰

秩序意味着光明和安宁，意味着内在的自由和自我控制；秩序就是力量，秩序是人类最大的需要，是真正的幸福所在。

——阿米尔

科学家不是依赖于个人的思想，而是综合了几千人的智慧，所有的人想一个问题，并且每人做它的部分工作，添加到正建立起来的伟大知识大厦之中。

——卢瑟福

应当热爱科学，因为人类没有什么力量比科学更强大，更所向无敌的了。

——高尔基

真理是不再会为了虚伪的羞耻而披上帷幔的，它晓得自己的赤裸中的力量和光荣。

——赫尔岑

力量在实质和程度上都是衡量男子气质的尺度。

——乔·霍兰

一个有信念的人所开发出的力量，大于99个只有兴趣的人。

——列夫·托尔斯泰

人们不太看重自己的力量——这就是他们软弱的原因。

——高尔基

对人来说，最大的欢乐、最大的幸福是把自己的精神力量奉献给他人。

——苏霍姆林斯基

团结就有力量和智慧，没有诚意实行平等或平等不充分，就不可能有持久而真诚的团结。

——欧文

我们从别人的发明中享受了很大的利益，我们也应该乐于有机会以我们的任何一种发明为别人服务；而这种事我们应该自愿和慷慨地去作。

——本杰明·富兰克林

人的生命是仰仗自己的力量和诱导而维系的。对于人来说，最大的危险莫过于丧失了这个须臾不可间断的认识。

——檀一雄

人们在一起可以做出单独一个人所不能做出的事业；智慧、双手、力量结合在一起，几乎是万能的。

——韦伯斯特

科学的、真正的、合法的目标说来不外是这样：把新的发现和新的力量惠赠给人类生活。

——弗朗西斯·培根

思想麻醉的力量远不如言语那么强。一个人话说多了，会对自己的话信以为真。

——巴尔扎克

实践中的失败主要由于不知道原因而发生，正是在这种情况下人的两种企望：对知识和力量的企望真正相合在一起了。

——弗朗西斯·培根

大多灵敏的人都是运用力量时才发现已经太晚，才埋怨缺乏力量。

——卢梭

天才并不是自生自长在深林荒野里的怪物，是由可以使天才生长的民众产生长育出来的，所以没有这种民众，就没有天才。

——鲁迅

作为新生力量的青年一代，应该成为时代的青年，每个青年具有新的思想，准备更替旧的思想。这也是人类进步和人类进程的条件。

——别林斯基

无所畏惧者与具有威慑力量的人同样刚强。

——席勒

14

精神

精神的高雅在于思考那些善良和优美的事物。

——拉罗什富科

言简意赅是伟大精神的特征，相反，渺小精神的特征是空话连篇。

——拉罗什富科

我们的精神比我们的身体有着更大的惰性。

——拉罗什富科

精神的活动在其他一切活动中间，是最灵敏、最富于变化的。正是在精神的活动中间，才有快乐的形式和实质。

——威廉·配第

脚不能达到的地方，眼睛可以达到；眼睛不能到的地方，精神可以飞到。

——雨果

我尊敬思想，但是我相信有某种比思想更高超的东西，这就是伟大的精神。

——罗曼·罗兰

精神就是光明。

——罗曼·罗兰

精神不是任何人的仆从，我们才是精神的仆从。

——罗曼·罗兰

这看来将是永恒不变的了：地球绕着太阳转，而人则绕着自己的精神转。

——高尔基

衰老的只是物质，而不是精神。

——阿·巴巴耶娃

人既然具有精神，那么就必须应该自视为配得上最高尚的东西，切勿低估或小视他本身精神的伟大和力量。

——黑格尔

人的精神力量比体力更富于生命力。

——列夫·托尔斯泰

在这世界上，除了人类心灵的崇高精神表现以外，一切都是渺小而没有趣味的。

——契诃夫

一切方法的背后如果没有一种生机勃勃的精神，它们到头来都不过是笨拙的工具。

——爱因斯坦

人在精神上的忍受力是极强的，没有什么东西能够彻底地消灭人们对幸福的希望。

——希尔德烈斯

精神爽奋，则百废俱兴；肢体怠弛，则百兴俱废。

——吕坤

精神为主人，形骸为屋舍。主人渐贫穷，屋舍亦颓谢。

——袁枚

人的精神也和自然力一样，有无限的潜力。

——徐懋庸

身体靠营养来维持，精神何尝不然。

——卢克莱修

精神如果满足，表明它已经萎缩或是疲劳。

——米歇尔·德·蒙田

万事须有精神方做得。

——朱熹

精神的文雅就是以一种令人欣悦的方式谈论那些让人喜欢的事物。

——拉罗什富科

精神上的创伤有这种特征——它可以被掩盖起来，但却不会收口；它是永远痛苦、被触及就会流血、永远鲜血淋淋地留在心头。

——大仲马

人的精神活动是不容易理解的。

——福楼拜

精神痛苦地受孕，却幸福地分娩。

——儒贝尔

精神如栖身于岩岸边的海鸟，在等候冲天而飞的时刻。

——罗曼·罗兰

人类的精神会把它本身所具备的秩序与光照在纷争不已的世界上。

——罗曼·罗兰

精神的沟通用不着语言，只要有两颗充满着爱的心就行了。

——罗曼·罗兰

创造一切非凡事物的那种神圣、爽朗的精神，总是同青年时代和创造力联系在一起的。

——歌德

一条弹簧如久受外物的压迫，会失去弹性；我们的精神也是一样，如常受别人的思想压力，也会失去其弹性。

——叔本华

有一段血气，便有一段精神，有此精神，却不能用，反以害之。

——陆九渊

平庸的精神常常谴责所有超越它们智力范围的东西。

——拉罗什富科

在狭隘的环境中使精神狭隘，人要有更高的标准才能大成。

——席勒

人始终活跃的精神必须有一个可供它驰骋的天地，才能使它不受厌倦的袭击。

——魏特林

思想家是主动的，梦幻家是被动的。

——雨果

精神始终是心灵的受骗者。

——拉罗什富科

人类被赋予了一种工作，那就是精神的成长。

——列夫·托尔斯泰

人，没有精神成长的自由，这就是世界上悲剧的源泉。

——高尔基

一个人的精神情趣越是贫乏，他在寻找精神欢乐手段方面表现得越是低下。

——苏霍姆林斯基

无论是绝望还是不幸，归根到底都是人的精神使然，从这个意义上说，希望首先产生于克服自身的悲观情绪之中。

——池田大作

要当轩昂奋发，莫恁地沉埋在卑陋凡下处。

——陆九渊

士君子要养心气。心气一衰，天下万事，分毫做不得。

——吕坤

人身常要竖立得起，少有放松，昏怠之气随之矣。

——潘士藻

人在精神方面受到了最可怕的打击时，往往会丧失神志。

——狄更斯

渺小的精神太易受到琐事的牵制，伟大的精神看到这一切琐事却不为其所累。

——拉罗什富科

唯有对真理服从之时，精神才显得既有益又高贵。

——赫塞

安逸是精神上的卑劣。

——列夫·托尔斯泰

思想是打开一切宝库的钥匙，它给吝啬人提供快乐，而不会给他带来麻烦。

——巴尔扎克

人类的思想真是一根威力强大的杠杆！它是我们用以保卫和救护自己的工具，是上帝给我们最好的礼物。

——缪塞

才智和精神增长的必要性，绝不亚于物质的改善。知识是人生旅途中的资粮；思想第一重要；真理是粮食，有如稻麦。

——雨果

谁不用脑子去思考，到头来他除了感觉之外将一无所有。

——歌德

首先是最崇高的思想，其次才是金钱；光有金钱而没有最崇高思想的社会是会崩溃的。

——陀思妥耶夫斯基

思想来自感情，也支配着人化为新的感情。

——陀思妥耶夫斯基

理论是冷冰冰的，可它能教人去获得温暖；火柴是冷的，火柴盒子旁边擦火柴的地方是冷的，木柴也是冷的，但是它们能够生火，给人做出热腾腾的食物，并且使人的身体暖和。

——车尔尼雪夫斯基

理论是无情的，可是如果遵循着它，人才不会可怜巴巴地成为无益的同情对象。

——车尔尼雪夫斯基

许多理论都像一扇窗户，我们通过它看到真理，但是它也把我们同真理隔开。

——纪伯伦

思想的滋味是苦的，不过苦得使人很舒服。思想就像许多条涨满冰冷秋水的溪流，潺潺地流出来。

——高尔基

思想走在行动之前，就像闪电走在雷鸣之前一样。

——海涅

理论全是灰色的，敬爱的朋友，生命的金树才是长青的。

——歌德

理论使我们能够辩证地观察世界，因为所有的事物都是相对的。

——阿·利哈诺夫

思想是块泥土，随着时日的变迁，它被揉捏成不同的形状。

——雷马克

聪明的人就是最好的百科全书。

——歌德

思想使世界上的人口减少。

——索尔·贝娄

我们周围有光也有颜色，但是我们自己的眼里如果没有光和颜色，也就看不到外面的光和颜色了。

——歌德

对于每一个人来说，自己的任何思想都是宝贵的。

——高尔基

伟大的思想是从心里出来的。

——康·巴乌斯托夫斯基

一千个偏见和不正确的思想等于没有任何思想！

——陀思妥耶夫斯基

一种活生生的思想具有多种幅度，包括矛盾的观念，从而铸炼和谐的本质。

——罗曼·罗兰

一种坏行为只能为其他坏行为开路，而坏思想却会拖着人顺那条路一直往下滑。

——列夫·托尔斯泰

思想是无数事实的一种组织形式，是智慧机械活动的结果。

——高尔基

观察和经验和谐地应用到生活上就是智慧。

——冈察洛夫

从伟大的认知能力和无私的心情结合之中最易于产生出智慧来。

——罗素

智慧最明显的标志就是恒定的欢快，它的境况有如目外的景物：永远的宁静。

——米歇尔·德·蒙田

最大的决心会产生最高的智慧。

——雨果

智慧和天才是推动世界前进的力量。

——高尔基

当我们得到理解的时候，智慧是不会枯竭的；智慧同智慧相碰，就迸溅出无数火花。

——马尔林斯基

任何一种伟大的思想在最初出现时，都是一个暴君。

——歌德

伟大的思想逐步实现，化成血和肉：播下的种子开始萌芽，它的敌人——无论是公开的还是隐秘的，谁也不能将它践踏。

——屠格涅夫

不论在哪个国家，不论在哪个时代，对先驱者的学说，任何人都能加以接受的情况是很少。

——芥川龙之介

15

榜样

对于残忍所感到的恐怖使我倾向仁慈，这比任何仁慈的榜样所能起的作用更大。

——米歇尔·德·蒙田

命令只能指挥人，榜样却能吸引人。

——威·亚历山大

启事在教诲，成事在榜样。

——法国民间谚语

你的榜样越伟大，你就越会重视你的信仰；你的典范越高就越会激励你追求。

——雨果

最伟大的榜样，不是什么名流、什么大人物，而是一个人本身所具有的品性。

——穆旦

品行是一种很复杂的成果，不仅是意识的成果，而且也是知识、力量、习惯、技能、适应、健康以及最重要的社会经验的成果。

——马卡连柯

当你处理一个问题，你要想一想，你的榜样会做什么？好的例子有着实质性的力量。

——斯宾诺莎

总而言之，任何时刻都要想一想，谁是我们最佳的榜样？

——卢梭

与其批评孩子，不如做个榜样。

——茹贝尔

在规则之外，要遵循榜样的引导。

——巴菲特

榜样的力量是无穷的。

——科达勒维耶

榜样具有良好的感染力。

——塞缪尔·约翰逊

模范比教训更有力量。

——希腊民间谚语

极少有几个生活的榜样是完美和纯粹的。

——米歇尔·德·蒙田

教诲是条漫长的道路，榜样是条捷径。

——塞内加

青年的思想愈被范例的力量所激励，就愈会发出强烈的光辉。

——法捷耶夫

一个榜样胜过书上二十条教诲。

——罗·阿谢姆

既然真理和坚贞均告徒劳，既然爱情痛苦和理智的力量都不能将其说服，那么就让榜样作为警戒吧！

——乔·格兰维尔

一个好的榜样，就是最好的宣传。

——英国民间谚语

追求美德并不取决于财富，而取决于榜样。

——阿贝尔

如果你想成功，你就应该先找到一个好榜样，然后学习他的行为与经验。

——爱尔兰民间谚语

通过明智的榜样，你可以避免很多错误，还可以学习成功的秘诀。

——史蒂文森

榜样是看得见的哲理。

——英国民间谚语

把高尚的榜样带进孩子的心中，就一定能带来新鲜的风景。

——本尼迪克特

一个人所能做的就是做出好榜样，要有勇气在风言风语的社会中坚定地高举伦理的信念。

——爱因斯坦

在许多问题上，我的说法跟前人大不相同，但是我的知识得归功于他们，也得归功于那些最先为这门学说开辟道路的人。

——哥白尼

如果说我看得远，那是因为我站在巨人们的肩上。

——牛顿

16 励志

我想做一个像样的人，度过一个像样的人生；想尽量锻炼自己的肌肤，成为一个能够经受任何磨难的人。

——青山七惠

现在不是想你没有的东西的时候，想一想用你现有的东西可以做的事儿吧。

——海明威

我并不期待人生可以过得很顺利，但我希望碰到人生难关的时候，自己可以是它的对手。

——阿尔伯特·加缪

畏惧忍受痛苦比忍受痛苦本身更加糟糕。没有一个心灵在追逐它的梦想时会忍受痛苦。

—— 保罗·科埃略

烈火试真金，逆境试强者的行为。

——塞内加

不要感叹生活的痛苦，感叹是弱者的行为。

——高尔基

不应当急于求成，应当去熟悉自己的研究对象，锲而不舍，时间会成全一切。凡事开始最难，然而更难的是何以善终。

——莎士比亚

富贵不淫贫贱乐，男儿到此是豪雄。

——程颢

逆境给人宝贵的磨炼机会。只有经得起环境考验的人，才能算是真正的强者。自古以来的伟人，大多是抱着不屈不挠的精神，从逆境中挣扎奋斗过来的。

——松下幸之助

一个人几乎可以在任何他怀有无限热忱的事情上成功。

——查尔斯·史考伯

深窥自己的心，而后发觉一切的奇迹在你自己。

——弗朗西斯·培根

坚强的信念能赢得强者的心，并使他们变得更坚强。

——白哲特

流水在碰到底处时才会释放活力。

——歌德

苦难磨炼一些人，也毁灭另一些人。

——富勒

那脑袋里的智慧，就像打火石里的火花一样，不去打它是不肯出来的。

——莎士比亚

多数人都拥有自己不了解的能力和机会，都有可能做到未曾梦想的事情。

——戴尔·卡耐基

勿问成功的秘诀为何，且尽全力做你应该做的事吧。

——美华纳

苦难有如乌云，远望去但见墨黑一片，然而身临其下时，不过是灰色而已。

——格哈德·里希特

幸运并非没有恐惧和烦恼，厄运也绝非没有安慰和希望。

——弗朗西斯·培根

人在身处逆境时，适应环境的能力实在惊人。人可以忍受不幸，也可以战胜不幸，因为人有着惊人的潜力，只要立志发挥它，就一定能渡过难关。

——戴尔·卡耐基

在任何行业中，走向成功的第一步，是对它产生兴趣。

——威廉·奥斯勒

那些最能干的人，往往是那些即使在最绝望的环境里，仍不断传送成功意念的人。他们不但鼓舞自己，也振奋他人，不达成功，誓不休止。

——安东尼·罗宾

能克服困难的人，可使困难化为良机。

——丘吉尔

灵感并不是在逻辑思考的延长线上产生，而是在破除逻辑或常识的地方才有灵感。

——爱因斯坦

每一种挫折或不利的突变，是带着同样或较大的有利的种子。

——拉尔夫·沃尔多·爱默生

一次失败，只是证明我们成功的决心还不够坚强。

——博维

失败也是我需要的，它和成功对我一样有价值。

——爱迪生

我们关心的，不是你是否失败了，而是你对失败能否无怨。

——林肯

没有人事先了解自己到底有多大的力量，直到他试过以后才知道。

——歌德

要成功不需要什么特别的才能，只要把你能做的小事做得好就行了。

——维龙

要为天下奇男子，须历人间万里程。

——冯梦龙

纸上得来终觉浅，绝知此事要躬行。

——陆游

人的差异在于如何利用业余时间。

——爱因斯坦

明者因时而变，知者随事而制。

——桓宽

逆境展示奇才，顺境隐没英才。

——霍勒斯

只有永远躺在泥坑里的人，才不会再掉进坑里。

——黑格尔

在青年时期，我们给自己披上彩虹。

——拉尔夫·沃尔多·爱默生

物竞天择，适者生存。

——赫胥黎

等待机会，是一种十分笨拙的行为。

——英国民间谚语

人逢危难总是有一个成败攸关的时刻。

——雨果

老是遇不上机会的人，最终总会走运。

——塞内加

对勇气的最大考验，就是看一个人能否做到败而不馁。

——英格索尔

世界上最宽阔的是海洋，比海洋更宽阔的是天空，比天空更宽阔的是人的胸怀。

——雨果

如果错过太阳时你流了泪，那么你也要错过群星。

——泰戈尔

我们越是忙越能强烈地感到我们是活着，越能意识到我们生命的存在。

——康德

人在意志力和斗争性方面的长处或短处，往往是导致他们成功或失败的重要原因之一。

——哈代

如果事先缺乏周密的准备，机遇也会毫无用处。

——托克维尔

一个人的真正伟大之处就在于他能够认识到自己的渺小。

——保罗

人们若是一心一意地做某一件事，总是会碰到偶然的机会的。

——巴尔扎克

生活中最重要的事情是懂得何时抓住机会，其次便是懂得何时放弃利益。

——迪斯雷利

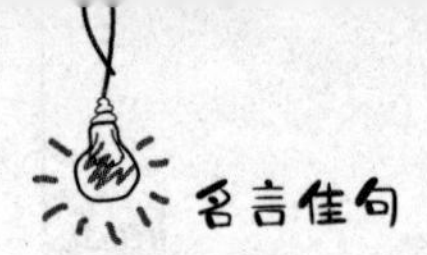

要记住！情况越严重、越困难，就越需要坚定、积极、果敢，而越无为就越有害。

——列夫·托尔斯泰

进步，意味着目标不断前移，阶段不断更新，它的视野总是不断变化的。

——雨果

天才就是最强有力的牛，他们一刻不停地一天工作十八小时。

——勒南

即使把眼睛盯着大地的时候，那超群的目光仍然保持着凝视太阳的能力。

——雨果

青年应该同时代一起前进，应该把前人的偏见踩在脚下。

——亨利·特鲁亚

青年不是生活在过去的人，也不仅是生活在现在的人，而是生活在未来的人。

——池田大作

人在开始做事前要像千眼神那样察视时机，而在进行时要像千手神那样抓住时机。

——弗朗西斯·培根

一个最困苦、最卑贱、最为命运所屈辱的人，只要还抱有希望，便无所怨惧。

——莎士比亚

如果是玫瑰，它总会开花的。

——歌德

真正的敏捷是一件很有价值的事。因为时间是衡量事业的标准，如金钱是衡量货物的标准。

——弗朗西斯·培根

选择机会，就是节省时间。

——弗朗西斯·培根

任何问题都有解决的办法，无法可想的事是没有的。

——爱迪生

世俗有“时间是金钱”这句话，所以窃取他人时间的小偷，当然该加以处罚，即使是那些愉快的好人，还是该如忌讳疾病般躲避他们。

——戴尔·卡耐基

金字塔是用一块块的石头堆砌而成的。

——莎士比亚

只要持续地努力，不懈地奋斗，就没有征服不了的东西。

——塞内加

决心就是力量，信心就是成功。

——列夫·托尔斯泰

人的天职在勇于探索真理。

——哥白尼

自我控制，是最强者的本能。

——萧伯纳

人生的奋斗目标决定你将成为怎样的人。

——欧文

本来无望的事，大胆尝试，往往能成功。

——莎士比亚

只有登上山顶，才能看到那边的风光。

——徐志摩

报复不是勇敢，忍受才是勇敢。

——莎士比亚

劝君莫负艳阳天，恩爱欢娱趁少年。

——莎士比亚

长命也许不够好，但是美好的生命却够长。

——本杰明·富兰克林

乐观，是达到成功之路的信心；不怀希望，无论什么事情都做不出来。

——海伦·凯勒

弱者坐待时机；强者制造时机。

——居里夫人

富贵不能淫，贫贱不能移，威武不能屈。

——孟子

生活是不公平的，不管你的境遇如何，你只能全力以赴。

——霍金

永远不要因承认错误而感到羞耻，因为承认错误也可以解释为你今天更聪敏。

——马罗

所谓天才人物指的就是具有毅力的人、勤奋的人、入迷的人和忘我的人。

——萧伯纳

遇事无难易，而勇于敢为。

——欧阳修

只要春风吹到的地方，到处是青春的野草。

——臧克家

试试看，每天吃一颗糖，然后告诉自己——今天的日子，果然又是甜的。

——三毛

世界以痛吻我，我却报之以歌。

——泰戈尔

事业的一大要旨是，为了它，须不以个人悲欢为重。

——泰戈尔

自信，是迈向成功的第一步。

——莎士比亚

乐观是一首激昂优美的进行曲，时刻鼓舞着你向事业的大路勇猛前进。

——大仲马

每一个不曾起舞的日子，都是对生命的辜负。

——尼采

只要朝着一个方向努力，一切都会变得得心应手。

——勃朗宁

黄河走东溟，白日落西海。逝川与流光，飘忽不相待。

——李白

重复是学习之母。

——狄慈根

当你把所有的错误都关在门外，真理也就被拒绝了。

——泰戈尔

渺小的日子也要有一点想念，像个灵魂失落在街边。

——林徽因

海纳百川，有容乃大。壁立千仞，无欲则刚。

——林则徐

咬定青山不放松，立根原在破岩中。千磨万击还坚劲，任尔东西南北风。

——郑板桥

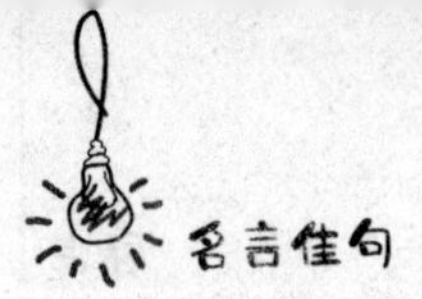

生当作人杰，死亦为鬼雄。至今思项羽，不肯过江东。

——李清照

学，然后知不足；教，然后知困。知不足，然后能自反也；知困，然后能自强也。

——戴圣

人生自古谁无死，留取丹心照汗青。

——文天祥

明日复明日，明日何其多？我生待明日，万事成蹉跎。

——钱福

老骥伏枥，志在千里；烈士暮年，壮心不已。

——曹操

捐躯赴国难，视死忽如归。

——曹植

鞠躬尽瘁，死而后已。

——诸葛亮

宁为玉碎，不为瓦全。

——李百药

道成于学而藏于书，学进于振而废于穷。

——王符

不积跬步，无以至千里；不积小流，无以成江河。

——荀子

境遇休怨我不如人，不如我者尚众；学问休言我胜于人，胜于我者还多。

——李惺

欲穷千里目，更上一层楼。

——王之涣

合抱之木，生于毫末；九层之台，起于垒土；千里之行，始于足下。

——老子

天下之难事，必作于易；天下之大事，必作于细。

——老子

德不优者，不能怀远；才不大者，不能博见。

——王充

先天下之忧而忧，后天下之乐而乐。

——范仲淹

立志欲坚不欲锐，成功在久不在速。

——张孝祥

路漫漫其修远兮，吾将上下而求索。

——屈原

多见者博，多闻者智，拒谏者塞，专己者孤。

——桓宽

人若志趣不远，心不在焉，虽学不成。

——张载

世事洞明皆学问，人情练达即文章。

——曹雪芹

博学之，审问之，慎思之，明辨之，笃行之。有弗学，学之弗能，弗措也；有弗问，问之弗知，弗措也；有弗思，思之弗得，弗措也；有弗辨，辨之弗明，弗措也；有弗行，行之弗笃，弗措也。人一能之，己百之，人十能之，己千之。果能此道矣，虽愚必明，虽柔必刚。

——戴圣

晴空一鹤排云上，便引诗情到碧霄。

——刘禹锡

17 拼搏

拼着一切代价，奔你的前程。

——巴尔扎克

凡事皆有极困难之时，打得通的，便是好汉。

——曾国藩

坚其志，苦其心，勤其力，事无大小，必有所成。

——曾国藩

拼命去争取成功，但不要期望一定成功。

——法拉第

物不经冰霜，则生意不固；人不经忧患，则德慧不成。

——杨名时

懒惰受到的惩罚不仅仅是自己的失败，还有别人的成功。

——朱尔·勒纳尔

少壮真当努力，年一过往，何可攀援，古人思秉烛夜游，良有以也。

——曹丕

失败和挫折等待着人们，一次又一次使青春的容颜蒙上哀愁，但也使人类生活的前景增添了一份尊严，这是任何成功都无法办到的。

——梭罗

我们应当努力奋斗，有所作为。这样，我们就可以说，我们没有虚度年华，并有可能在时间的沙滩上留下我们的足迹。

——拿破仑

有很多人是用青春的幸福做了成功的代价。

——莫扎特

想象你自己对困难做出的反应，不是逃避或绕开它们，而是面对它们，同它们打交道，以一种进取的和明智的方式同它们奋斗。

——麦克斯威尔·马尔茨

一分钟的成功，付出的代价却是好些年的失败。

——勃朗宁

办事贵有定见，不贵有成见，定见者，在我之知识学问，不与世为推移者也。

——袁枚

对于学者获得的成就，是恭维还是挑战？我需要的是后者，因为前者只能使人陶醉，而后者却是鞭策。

——巴斯德

无论头上是怎样的天空，我准备承受任何风暴。

——拜伦

宿命论是那些缺乏意志力的弱者的借口。

——罗曼·罗兰

生活就是战斗。

——柯罗连科

人只有献身于社会，才能找出那短暂而有风险的生命的意义。

——爱因斯坦

盲目地一味勤奋，的确能创造财富和荣耀，不过许多高尚优雅的器官也同时被这唯其能创造财富和荣耀的美德给剥夺了。

——尼采

人，只要有一种信念，有所追求，什么艰苦都能忍受，什么环境也都能适应。

——丁玲

勤奋是好运之母。

——本杰明·富兰克林

人的一生可能燃烧也可能腐朽，我不能腐朽，我愿意燃烧起来！

——奥斯特洛夫斯基

平庸的生活，使人感到一生不幸；波澜万丈的人生，才能使人感到生存的意义。

——池田大作

人类把历史看成战斗的连续，为什么呢，因为直到今天，他们还认为斗争是人生的主要东西。

——契诃夫

你若要喜爱你自己的价值，你就得给世界创造价值。

——歌德

如果你颇有天赋，勤勉会使你更加完美；如果你的能力平平，勤勉会补足你的缺陷。

——雷诺兹

懒惰行动得如此缓慢，贫穷很快就能超过它。

——本杰明·富兰克林

生活就是行动，而行动就是斗争。

——别林斯基

懒散是一个母亲，她有一个儿子：抢劫，还有一个女儿：饥饿。

——雨果

凡人要自立、要自强，要求己莫求人。

——胡文忠

人生不是一种享乐，而是一桩十分沉重的工作。

——列夫·托尔斯泰

永不，永不，永不屈服。

——丘吉尔

毫无理想而又优柔寡断是一种可悲的心理。

——弗朗西斯·培根

这个世界上有两种人，一种是快乐的猪，一种是痛苦的人。做痛苦的人，不做快乐的猪。

——苏格拉底

博观而约取，厚积而薄发。

——苏轼

你人生的起点并不是那么重要，重要的是你最后抵达了哪里。

——巴菲特

你以为挑起生活的担子是勇气，其实去过自己真正想要的生活才更需要勇气。

——萨姆·门德斯

自愿的人在忍受苦楚的时候，受到美好希望的鼓舞，就如打猎的人能欢欣愉快地忍受劳累，因为他有猎获野兽的希望。

——苏格拉底

当许多人在一条路上徘徊不前时，他们不得不让开一条大路，让那珍惜时间的人赶到他们的前面去。

——苏格拉底

莫等闲，白了少年头，空悲切。

——岳飞

过于求速是做事的最大危险之一。

——弗朗西斯·培根

不认识痛苦，就不是一条好汉。

——雨果

天可补，海可填，南山可移。日月既往，不可复追。

——曾国藩

先义而后利者，荣；先荣而后义者，辱。荣者常通，辱者常穷。

——荀况

要时时牢记在心中：决心取得成功比任何一件事情都重要。

——林肯

老当益壮，宁移白首之心；穷且益坚，不坠青云之志。

——王勃

我们若已接受最坏的，就再没有什么损失。

——戴尔·卡耐基

取得成就时坚持不懈，要比遭到失败时顽强不屈更重要。

——拉罗什富科

人生就像骑单车，想保持平衡就得往前走。

——爱因斯坦

人之为学，不日进，则日退。

——左宗棠

浪费时间叫虚度，剥用时间叫生活。

——扬格

人们常觉得准备的阶段是在浪费时间，只有当真正机会来临，而自己没有能力把握的时候，才能觉悟自己平时没有准备，才是浪费了时间。

——罗曼·罗兰

人的智慧掌握着三把钥匙，一把开启数字，一把开启字母，一把开启音符。知识、思想、幻想就在其中。

——雨果

患难及困苦，是磨炼人格的最高学府。

——苏格拉底

自古奇人伟士，不屈折于忧患，则不足以其学。

——方孝孺

时髦把低劣抬到了讨人喜欢的水平，继而把坏的和好的变得十分相像。

——本特利

一个人即使已登上顶峰，也仍要自强不息。

——罗素

人生恰恰像马拉松赛跑一样……只有坚持到最后的人，才能成为胜利者。

——池田大作

危难是生命的试金石。

——希罗科夫

大自然把人们困在黑暗之中，迫使人们永远向往光明。

——歌德

所谓活着的人，就是不断地挑战的人，不断攀登命运险峰的人。

——雨果

要在这个世界上获得成功，就必须坚持到底：至死都不能放手。

——伏尔泰

谁和我一样用功，谁就会和我一样成功。

——莫扎特

这世界除了心理上的失败，实际上并不存在什么失败，只要不是一败涂地，你一定会取得胜利的。

——亨·奥斯汀

上天赋予的生命，就是要为人类的繁荣和平和幸福而奉献。

——松下幸之助

苦难是人生的老师。

——巴尔扎克

不要心平气和，不要容你自己昏睡！趁你还年轻，强壮、灵活，要永不疲倦地做好事。

——契诃夫

命运压不垮一个人，只会使人坚强起来。

——伯尔

向前跨一步，可能会发现一条意外的小路。生活如山路，向前跨一步，便可发现一条更好的路，使生活更充实，更有乐趣。

——松下幸之助

每一个人都嘲笑陈旧的时尚，却虔诚地追求新的时尚。

——梭罗

忍耐和坚持虽是痛苦的事情，但却能渐渐地为你带来好处。

——奥维德

受苦是考验、是磨炼，是咬紧牙关挖掉自己心灵上的污点。

——巴金

顽强的毅力可以征服世界上任何一座高峰。

——狄更斯

从什么地方和什么时候开始自我教育呢？有一句古老的格言说：“战胜自己是最不容易的胜利。”

——苏霍姆林斯基

一个人能在战场上制胜千军，但只有战胜自己才是最伟大的胜利者。

——尼赫鲁

认识了生活的全部意义的人，才不会随便死去，哪怕只有一点儿机会，就不会放弃生活。

——海涅

让我们享受人生的滋味吧，如果我们感受得越多，我们就会生活得越长久。

——法朗士

生活的苦难压不垮我。我心中的欢乐不是我自己的，我把欢乐注进音乐，为的是让全世界感到欢乐。

——莫扎特

所有的胜利第一条件，都是要战胜自己。

——西兰帕

无中不能生有，无缝的石头流不出水来。谁不能燃烧，就只有冒烟——这就是定理。生活的烈火万岁。

——奥斯特洛夫斯基

18 勇敢

勇敢是一种基于自尊的意识而发展成的能力。

——拿破仑

怯懦只是夺去安全的手段，它不仅减削我们的卫护能力，甚至于驱我们于毁灭之崖，使我们碰着从来无意干犯我们的灾祸。

——沙甫慈伯利

患难可以试验一个人的品格，非常的境遇才可以显出非常的气节；风平浪静的海面，所有的船只都可以并驱竞争；命运的铁拳击中要害的时候，只有大勇大智的人才能够处之泰然。

——莎士比亚

匹夫见辱，拔剑而起，挺身而斗，此不足为勇也。

——苏轼

你为人像水一般软弱，这一点人家很快就会发现的。他们不用费什么劲儿就会发现你为人没有骨气，他们可以像对付一个奴隶一样对付你。

——马克·吐温

当孩子年龄较大之后，他就应该能去做他天性中所不敢做的、更勇敢的事。最初要帮助他，逐渐让他去做，直到练习产生了较大的自信力，做得好了为止。

——约翰·洛克

如果一个人的激情，无论在快乐还是苦恼中，都有保持不忘理智所教给的关于什么应当恐惧、什么不应当惧怕的信条，那么我们就因他的激情部分而称每个这样的人为勇敢的人。

——柏拉图

勇敢就能扫除一切障碍。

——帕斯捷尔纳克

表现勇敢则勇气来，往后退缩则恐惧来。

——康拉德

在下决心以前，犹豫也许是必要的。然而，一旦下了决心，就应该一直往前走。

——石川达三

侮辱那些无法要你道歉的人，本身就是怯懦的表现。

——米克沙特·卡尔曼

惯于实际生活的人能坚持到底，坚持到最后结局；自我反省和空谈理论的人却不想越过他们自己所指定的边界，而永远停在那里，他们在崇高的意向、绝对的真诚和才干的条件下，阻碍事件前进，因为山巅险峻会撞伤他们。

——屠格涅夫

不懂得害怕的人不能算勇敢，因为勇敢指的是面对一切风云变幻坚强不屈的能力。

——利奥·罗斯顿

要坚强，要勇敢，不要让绝望和庸俗的忧愁压倒你，要保持伟大的灵魂在经受苦难时的豁达与平静。

——亚米契斯

勇气很有理由被当作人类德性之首，因为这种德性保证了所有其余的德性。

——丘吉尔

我认为克服恐惧最好的办法理应是：面对内心所恐惧的事情，勇往直前地去做，直到成功为止。

——罗斯福

对那些有自信心而不介意于暂时失败的人，没有所谓失败！对怀着百折不挠的坚定意志的人，没有所谓失败！对别人放手，而他仍然坚持；别人后退，而他仍然向前冲的人，没有所谓失败！对每次跌倒，都立刻站起来；每次坠地，反会像皮球一样跳得更高的人，没有所谓失败！

——雨果

恐惧与勇敢近在咫尺，而且互相共存。向敌阵突进的人，最晓得个中实情。

——梭罗

勇敢寓于灵魂之中，而不单凭一个强壮的躯体。

——卡赞扎基

考验越是巨大、严峻、繁杂，对于善于承受考验的人就越有好处。无论多么强烈的痛苦，对于任何一个能够看出这痛苦给人带来非同一般裨益的人，都会丧失效力。

——卢梭

我们最重要的原则是：不要叫人打倒你，也不要叫事情打倒你。

——居里夫人

一个理性的动物，就应该有充分的果断和勇气，凡是自己应做的事，不应因里面有危险就退缩；当他遇到突发的或可怖的事情，也不应因恐怖而心里慌张，身体发抖，以致不能行动，或者跑开来去躲避。

——约翰·洛克

谁恐惧，谁就要受折磨，并且已经受着他的恐惧的折磨。

——米歇尔·德·蒙田

人的勇气能承担一切重负，人的耐心能忍受绝大部分痛苦。

——塞缪尔·约翰逊

升平富足的盛世徒然养成一批懦夫，困苦永远是坚强之母。

——莎士比亚

当一个人敢于用自己来冒险，敢于体验新的生活方式时，他就有可能变化和发展。

——赫伯特

勇猛、大胆和坚定的决心能够抵得上武器的精良。

——达·芬奇

我唯一能信赖的，是我的狮子般的勇气和不可战胜的从事劳动的精力。

——巴尔扎克

人生的磨难是很多的，所以我们不可对于每一件轻微的伤害都过于敏感。在生活磨难面前，精神上的坚强和无动于衷是我们抵抗罪恶和人生意外的最好武器。

——约翰·洛克

世界上的事物永远不是绝对的，结果完全因人而异，苦难对于天才是一块垫脚石，对能干的人是一笔财富，对弱者是一个万丈深渊。

——巴尔扎克

虽然危险并未临近，但迎头伏击比长久注视其前来好，因为如果一个人注视过久，他是很有睡觉的可能的。

——弗朗西斯·培根

真正的坚忍是当一个人无论遇到什么灾祸或危险的时候，他都能够镇静自处，尽责不辍。

——约翰·洛克

勇气是人类最重要的一种特质，倘若有了勇气，人类其他的特质自然也就具备了。

——丘吉尔

我们处于什么方向不要紧，要紧的是我们正向什么方向移动。

——霍姆兹

认为痛苦是最大的不幸，是不可能勇敢的；认为享受是最大的幸福的人，是不可能有节制的。

——西塞罗

谁是不可战胜的人？是那种在任何时候都临危不惧的人。

——爱比克泰德

苦和甜来自外界，坚强则来自内心，来自一个人的自我努力。

——爱因斯坦

幸运所需要的美德是节制，而逆境所需要的美德是坚忍。

——弗朗西斯·培根

人的一生中，最光辉的一天并非功成名就那天，而是从悲叹与绝望中产生对人生的挑战，以勇敢迈向意志那天。

——福楼拜

大胆产生勇气，多疑却产生恐惧。

——康拉德

到了热血沸腾、理智允许的时候还不敢挺身向前的人，就是懦夫；达到了预想的目的后还在冒进的人，就是小人。

——海涅

勇气就是一种坚韧；正因为它是一种坚韧，才使我们具有任何形式的自我否定和自我战胜的能力。因而，正是借助于这点上，勇气也多少与德行发生了关系。

——叔本华

真正的勇气在极端的胆怯和鲁莽之间。

——塞万提斯

英雄就是对任何事都有全力以赴，自始至终，心无旁骛的人。

——波德莱尔

勇敢征服一切：它甚至能给血肉之躯增添力量。

——奥维德

软弱甚至比恶行更有害于德性。

——拉罗什富科

真正算得勇敢的人是那个最了解人生的幸福和灾患，然后勇往直前，担当起将来会发生事故的人。

——伯利克里

你若想尝试一下勇者的滋味，一定要像个真正的勇者一样，豁出全部的力量去行动，这时你的恐惧心理将会被勇猛果敢所取代。

——丘吉尔

盲勇有时还能唬住某些智者——当他们意志不够强的时候。

——弗朗西斯·培根

如果你是懦夫，你就是你自己最大的敌人；但如果你是勇者，你就是你自己最大的朋友。

——弗兰克

“拿出胆量来”那一吼声是一切成功之母。

——雨果

勇敢里面有天才、力量和魔法。

——歌德

勇敢是处于逆境时的光芒。

——茨威格

勇敢来自于斗争，勇敢在同困难顽强奋斗中逐渐形成。我们青年人的座右铭就是勇敢、顽强、坚定，就是克服艰难险阻。

——奥斯特洛夫斯基

勇气如爱情，需要希望来滋养。

——拿破仑

勇气是衡量灵魂大小的标准。

——戴尔·卡耐基

勇气是智慧和一定程度教养的必然结果。

——列夫·托尔斯泰

勇者发怒，抽刃向更强者；怯者愤怒，即抽刃向更弱者。

——鲁迅

有胆气的人是不惊慌的人，有勇气的人是考虑到危险而不退缩的人；在危险中仍然保持他的勇气的人是勇敢的，轻率的人则是莽撞的，他敢于去冒险是因为他不知道危险。

——康德

有德必有勇，正直的人绝不胆怯。

——莎士比亚

有勇气的人才有信心。

——西塞罗

愚勇的人当危难未来之时，激昂急躁，情不自禁，而在危难临头时又销声匿迹，热血冰消。

——亚里士多德

在不幸中所表现出来的勇气，通常总是使卑怯的心灵恼怒，而使高尚的心灵喜悦的。

——卢梭

在全人类中，凡是坚强、正直、勇敢、仁慈的人，都是英雄！

——贝多芬

在我们中间，就连最勇敢的人，对于自己真正理解的事拿得出勇气，也是罕见的。

——勃朗

造化既然在人间造成不同程度的强弱，也常用破釜沉舟的斗争，使弱者不亚于强者。

——孟德斯鸠

勇敢征服一切：它甚至能给血肉之躯增添力量。

——奥维德

一个有坚强心志的人，财产可以被人掠夺，勇气却不能被人剥夺。

——雨果

勇气是一个人处于逆境中的光明。

——华福纳格

幸运的爱，与勇者长相随。

——奥维德

我崇尚勇气、坚忍和信心，因为它们一直助我应对我在尘世生活中所遇到的困境。

——但丁

为其所应为，这样的人才是勇敢的。

——列夫·托尔斯泰

卑怯的人，即使有万丈的怒火，除弱草以外，又能烧掉什么呢？

——鲁迅

对付贫穷要有勇气，忍受嘲笑要有勇气，正视自己营垒里的敌对者也要有勇气。

——罗素

对付任何事情，首要的一步是：能够面对它！

——哈伯德

凡是自强不息者，最终都会成功。

——歌德

你若失去了财产，你只失去了一点；你若失去了荣誉，你就会丢掉了许多；你若失掉了勇敢，你就会把一切失去。

——歌德

怯懦是你最大的敌人，勇敢则是你最好的朋友。

——弗兰克

任何卓越的胜利总是大胆的成果。

——雨果

19

个性

个性就是差别，差别就是创造。

——爱迪生

每个人都是他自己个性的工程师。

——威尔逊

良好的个性胜于卓越的才智。

——爱迪生

一个人就是一种典型。

——富尔曼诺夫

人一旦成为他物，也就可以没有自己。

——弗洛姆

坏的天性养成不好的习惯。

——伊索

任何种子都有自己的季节。

——俄罗斯民间谚语

没有个性，人类的伟大就不存在了。

——让·保尔·马拉

人要勤奋自强，保持自己的个性。

——德莱塞

一切都不曾重复，一切都独一无二。

——龚古尔兄弟

人们生而平等，但又生来个性各有千秋。

——弗洛姆

任何有活力的事物都会构成它自己的氛围。

——歌德

不管以什么名义，毁灭个性的做法就是专制。

——穆勒

一时的失误不会毁掉一个性格坚强的人。

——车尔尼雪夫斯基

个性是一个人最大的需要和最大的保障。

——斯宾塞

人人之中有他人，但每个人都护存自己的个性。

——S. 阿马里

个性的造就由婴孩时代开始，一直持续到老死。

——罗斯福

个性像白纸，一经污染，便永不能再如以前洁白。

——黑格尔

在个性、举止、风度和一切上，最好是朴实。

——朗弗罗

一个人的性格决定他的际遇。如果你喜欢你的性格，那么，你就无权拒绝你的际遇。

——罗曼·罗兰

我们不必羡慕他人的才能，也不必悲叹自己的平庸，每个人都有他的个性魅力。

——松下幸之助

我不认为女人没有个性，只是她们每天都有新的性格罢了。

——海涅

一个人在描述他个人的个性时，其自身的个性即暴露无遗。

——李斯特

无论大事还是小事，只要自己认为是办得好的，就坚定地去办，这就是性格。

——歌德

具有偷闲本领的人则往往有广泛的兴趣和强烈的个性。

——史蒂文森

我知道的东西谁都可以知道，而我的个性却为我所独有。

——歌德

每个人的个性都有它自己的一套，理智也人会被它牵着鼻子走。

——索尔·贝娄

尽力成为某一个人是没有用处的，你就是你现在这个人。

——麦克斯威尔·马尔茨

要测量一个人真实的个性，只需观察他认为无人发现时的所作所为。

——麦考莱

个性发达之不足及个人的创造力与创造性之缺乏，确为本时代的主要缺点之一。

——克鲁泡特金

也许个性中，没有比坚定的决心更重要的成分。小男孩要成为伟大的人，或想日后在任何方面举足轻重，必须下定决心，不只要克服千重障碍，而且要在千百次的挫折和失败之后获胜。

——罗斯福

世界上最有力量的人，正是最孤独的人。

——易卜生

风格就是人品。

——巴尔扎克

玫瑰正因为有刺，才在阳光下尽情地开放。

——易卜生

每个人都有自己的特点，没有两个人一样的；真是人跟人各异，石头跟石头不同。然而大家合在一起，就成了相互交织在一起的群英谱。

——富尔曼诺夫

不要无事讨烦恼，不做无谓的希求，不做无端的伤感，而是要奋勉自强，保持自己的个性。

——德莱塞

个性和集体融合起来，人会失去个性，相反，只有在集体中，个性才能得到高度的觉醒和完善。

——巴比塞

一个人因为看到另外一种生活方式更有重大的意义，只经过半小时的考虑就甘愿抛弃一生的事业前途，这才需要很强的个性呢。贸然走出这一步，以后永不后悔，那需要的个性就更多了。

——毛姆

一双感觉合脚的鞋却会夹痛另一个人的脚；适用于一切病症的生活处方并不存在。

——荣格

良好的性情重于黄金，后者是幸运的给予，前者是自然的天赋。

——爱迪生

每一个人都是一个小小的海湾。

——拉尔夫·沃尔多·爱默生

专心致志是个性的唯一基础，同样也是才干的唯一基础。

——拉尔夫·沃尔多·爱默生

孩子的性情并不只是其父母性情中各种元素的重新排列组合，他性情中有些东西在其父母的性情中根本找不到。

——劳伦斯

显出特征的艺术才是唯一真实的艺术。

——歌德

倾听每一个人的意见，可是只对极少数人发表你的意见；接受每一个人的批评，可是保留你自己的判断。

——莎士比亚

我喜欢离开人们通行的道路，而走荆棘丛生的崎岖山路。如果我迷了路，不要在大路上找我。

——伦琴

人一生的任务恰恰是既要实现自己的个性，同时又要超越自己的个性。

——弗洛姆

在个人身上，能够导致绝对满足的就是自我个性的实现，即在实践中发挥别人所不能模仿自己的特点。

——西田几多郎

一个没有任何个性的人，只能做出一般产品。只有在工作中发挥个性，才能有新的点子，找出新的方向。

——大松博文

教育的目的是培养人的个性。

——斯宾塞

我谁也不模仿。我不去奴隶似的跟着时尚走。我只要看上去就像我自己，非我莫属。

——索菲娅·罗兰

踩着别人脚步走路的人，永远不会留下自己的脚印。

——爱因斯坦

一个人必须放弃那种总想和大多数人达成一致的不良癖好。“好”这字从你邻居口中一说出来，就不再是好的了。

——尼采

模仿者是没有个性的，因为个性恰好在于思想方式的独创性，它的行为举止汲取的是由它自己所开辟的源泉。

——康德

对一个人来说，真正重要的不是他的背景、他的肤色、他的种族，或是他的宗教信仰，而是他的性格。

——尼克松

个性——这是最重要的，一个人的个性应该像岩石那样坚强，因为一切都是建筑在个性上面的。

——屠格涅夫

你的良知在说什么？你要成为你自己。

——尼采

人的一生就如同下棋一样，每一个棋子都有自己的走法，如果没有这个规则——棋也就下不成了。

——高尔基

一棵树上很难找到两片叶子形状完全一样，一千个人之中也很难找到两个人在思想情感上完全协调。

——歌德

真正有才能的人会摸索出自己的道路。

——歌德

凡是个性强的人，都像行星一样，行动的时候，总把个人的气氛带了出来。

——哈代

个性是比智力更崇高的。思想是一种机能，生活是那机能的执行者。

——拉尔夫·沃尔多·爱默生

人，就是一条河，河里的水流到哪里都还是水，这是无异议的。但是，河有狭、有宽、有平静、有清澈、有冰冷、有浑浊、有温暖等现象，而人也一样。

——列夫·托尔斯泰

人的性格是扎根在骨头里和血液里的。

——高尔基

每个人都有他的隐藏的精华，和任何别人的精华不同，它使人具有自己的气味。

——罗曼·罗兰

天资和个性之间的区别在于：前者具有维护旧事物的机灵，后者具有朝着更新、更高的目标而创新的力量和勇气。

——拉尔夫·沃尔多·爱默生

教育者的个性、思想信念及其精神生活的财富，是一种能激发每个受教育者检点自己、反省自己和控制自己的力量。

——苏霍姆林斯基

一个人的房子，一个人的家具，一个人的衣服，他所读的书，他所交的朋友——这一切都是他自身的表现。

——亨利·詹姆斯

伟大的发现者并不一定是伟人。谁比哥伦布给世界带来的变化更大？他是什么人？一个冒险家，他有个性，这是真的，但他却不是一个伟人。

——弗洛伊德

没有个性的文化是一种使人感到注定毁灭的悲剧性文化。

——罗曼·罗兰

20

尊严

我只有一个忠告给你，做你自己的主人。

——拿破仑

对于一个艺术家来说，如果能够打破常规，完全自由地进行创作，其成绩往往会是惊人的。

——卓别林

保守是舒服的产物。

——高尔基

人类的创新之举是极其困难的，因此便把已有的形式视为神圣的遗产。

——蒙森

想出新办法的人在他的办法没有成功以前，人家总说他是异想天开。

——马克·吐温

对新的对象必须创出全新的概念。

——柏格森

异想天开给生活增加了一份不平凡的色彩，这是每一个青年和善感的人所必需的。

——巴乌斯托夫斯基

只要自尊自爱，就能行得正。

——埃德蒙·德·龚古尔

自尊心是一种美德，是促使一个人不断向上发展的一种原动力。

——毛姆

生命的尊严是普遍的绝对的准则。生命的尊严是没有等价物的，是任何东西都不能代替的。

——池田大作

爱惜芳心莫轻吐，且教桃李闹春风。

——元好问

没有自我尊重，就没有道德的纯洁性和丰富的个性精神。对自身的尊重、荣誉感、自豪感、自尊心，这是一块磨炼细腻感情的砺石。

——苏霍姆林斯基

得不到别人尊重的人，往往有最强烈的自尊心。

——马卡连柯

人们不太看重自己的气力——这就是他们软弱的原因。

——高尔基

要人敬者，必先自敬。

——陶行知

虽然尊严不是一种美德，却是许多美德之母。

——柯林斯托姆

有信心的人，可以化渺小为伟大，化平庸为神奇。

——萧伯纳

感谢科学，它不仅使生活充满快乐与欢欣，并且给生活以支柱和自尊心。

——巴甫洛夫

哪里有理性智慧，哪里就有尊严。

——马丹·杜·加尔

对人来说，最最重要的东西是尊严。

——普列姆昌德

为人粗鲁意味着忘却了自己的尊严。

——车尔尼雪夫斯基

自尊自爱，作为一种力求完善的动力，却是一切伟大事业的渊源。

——屠格涅夫

自我教育需要有非常重要而强有力的促进因素——自尊心、自我尊重感、上进心。

——苏霍姆林斯基

自重、自觉、自制，此三者可以引至生命的崇高境域。

——丁尼生

在影响学生的内心世界时，不应挫伤他们心灵中最敏感的一个角落——自尊心。

——苏霍姆林斯基

我们的尊严不在于我们做什么，而在于我们懂得什么。

——桑塔亚那

珍视思想的人，必然珍视自己的尊严。

——苏霍姆林斯基

根本不该为取悦别人而使自己失敬于人。

——卢梭

不要让一个人去守卫他的尊严，而应让他的尊严来守卫他。

——拉尔夫·沃尔多·爱默生

人们将永远赖以自立的是他的智慧、良心、人的尊严。

——苏霍姆林斯基

自尊不是轻人，自信不是自满，独立不是孤立。

——徐特立

国家的尊严比安全更为重要，比命运更有价值。

——托马斯·伍德罗·威尔逊

我想一个人的尊严，并不在于他能赚多少钱，或获得了什么社会地位，而在于能不能发挥他的专长，过有意义的生活。

——松下幸之助

在文学上，年轻人常常从担任法官开始他们的生涯，只有当智慧与经验到来时，他们才终于获得了受审的尊严。

——哈代

21

感悟

一个人真正的伟大就在于他能够认识到自己的渺小。

——保罗

在奔向目标的道路上坚持不懈、持之以恒，充分意识到自己的力量。

——陀思妥夫斯基

你要像一棵桷树，大风将树枝吹折，然而巨大的树干却永远挺直。

——裴多菲

一个人只要强烈地、坚持不懈地追求，他就能达到目的。

——司汤达

忍耐之草是苦的，但最终会结出甘甜而柔软的果实。

——约翰·洛克

必须以率直谦虚的态度，乐观进取，向前迈进。

——松下幸之助

没有哪一个聪明人会否定痛苦与忧愁的锻炼价值。

——赫胥黎

自己的命运应由自己创造，而且应该绝对排除虚伪和坏事。

——契诃夫

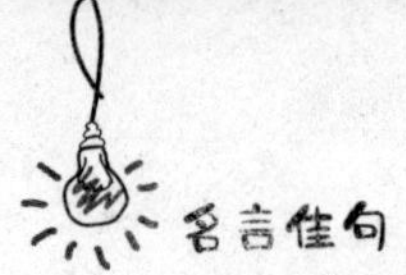

凡是希望荣誉而舒适地度过晚年的人，他必须在年轻时想到有一天会衰老；这样在年老时，他也会记得曾有过年轻。

——爱迪生

要意志坚强，要勤奋，要探索，要发现，并且永不屈服，珍惜在我们前进道路上降临的善，忍受我们之中和周围的恶，并下决心消除它。

——赫胥黎

不要为自己消尽之年华叹息，必须正视匆匆溜走的时光。

——布莱希特

我的成就当归功于精力的思索。

——牛顿

梯子上的横挡从来不是用来休息的，只是为了在一只脚迈向更高一格时，另一只脚可以落一下脚。

——赫胥黎

当你工作和研究的时候，必须具有强烈的激情。

——巴甫洛夫

对一般人而言，凡事要思索并不是什么麻烦的事。

——詹姆斯·布莱斯

我必须承认，幸运喜欢照顾勇敢的人。

——达尔文

忍耐和坚持虽是痛苦的事情，但却能渐渐地为你带来好处。

——奥维德

人们还往往把真理和错误混在一起去教人，而坚持的却是错误。

——歌德

我从来不记在辞典上已经印有的东西，我的记忆力是用来记忆书本上还没有的东西。

——爱因斯坦

文学的目的，是帮助人了解自己本身，提高他的自信心，激发他对于真理的企求，同人们的鄙俗行为做斗争，善于在人们身上找到好的东西，唤醒他们灵魂中的羞耻、愤怒和勇气，做一切使人能变得高尚坚强、能用美好圣洁的精神来活跃自己的生活的事情。这就是我的公式。

——高尔基

对文学工作的渴望基本上是个人的一种自然的、健康的愿望，他想用文字来表现和描绘人们的内心生活和外部生活的无穷尽的、形形色色的现象，借此得到与人民群众的结合。

——高尔基

泰山不让土壤，故能成其大；河海不择细流，故能就其深。

——李斯

什么是失败？无非是迈向更好境界的第一步。

——温德尔·菲利普斯

伟大变为可笑只有一步，但再走一步，可笑又会变为伟大。

——佩恩

古之学者必严其师，师严然后道尊。

——欧阳修

没有求知欲的学生，就像没有翅膀的鸟儿。

——萨迪

不要回避苦恼和困难，挺起身来向它挑战，进而克服它。

——池田大作

对于害怕危险的人，这个世界上总是危险的。

——萧伯纳

我这个人走得很慢，但是我从不后退。

——林肯

充沛的精力加上顽强的决心，曾经创造出许多奇迹。

——狄更斯

在策划一件大事时必须预见艰险，而在实行中却必须无视艰险，除非那危险是毁灭性的。

——弗朗西斯·培根

问渠那得清如许，为有源头活水来。

——朱熹

永远没有人力可以击退一个坚决强毅的希望。

——金斯莱

执着追求并从中得到最大快乐的人，才是成功者。

——梭罗

纵浪大化中，不喜亦不惧。应尽便须尽，无复独多虑。

——陶渊明

文学是社会的家庭教师。

——别林斯基

文章均得江山助，但觉前贤畏后贤。

——王十朋

一篇向人写肝肺，四海知我霜鬓须。

——苏轼

一个能思考的人，才真是一个力量无边的人。

——巴尔扎克

眼底江山皆净域，毫端兰竹见灵魂。

——许乃钊

言论关时务，篇章见国风。

——杜荀鹤

坚持对于勇气，正如轮子对于杠杆，那是支点的永恒更新。

——雨果

为学犹掘井，井愈深土愈难出，若不快心到底，岂得见泉源乎。

——张九功

青年是领悟智慧的时期，老年是付诸实践的时期。

——卢梭

每个人当然都可以逞强，但限于在他所懂的方面。

——歌德

欺负你的人，因你的软弱而来；欣赏你的人，因你的自信而来；不在乎你的人，因你的卑微而来；爱你的人，因你的自爱而来。

——稻盛和夫

家庭成为快乐的种子，在外也不致成为障碍物，但在旅行之际却是夜间的伴侣。

——西塞罗

心软和不好意思，只会杀死自己。理性的薄情和无情，才是生存利器。

——毛姆

只有信念使快乐真实。

——米歇尔·德·蒙田

文学是人的生活的教科书。

——车尔尼雪夫斯基

文学就像炉中的火一样，我们从人家借得火来，把自己点燃，而后传给别人，以致为大家所共同。

——福楼拜

人患志之不立，亦何忧令名不彰邪。

——刘义庆

君看构大厦，何曾一日成。

——聂夷中

我们应该不虚度一生，应该能够说：“我已经做了我能做的事。”

——居里夫人

人生须知负责任的苦处，才能知道尽责任的乐趣。

——梁启超

弱者报复，强者原谅，智者忽略。

——爱因斯坦

如果一个人影响到了你的情绪，你的焦点应该放在控制自己的情绪上，而不是影响你情绪的人身上。

——马克·吐温

爱和炭相同，烧起来得想办法叫它冷却。让它任意着，那就要把一颗心烧焦。

——莎士比亚

当争斗在一个内心中发生，他的生存就有价值了。

——布朗宁

我是幸福的，因为我爱，因为我有爱。

——布朗宁

只要人越来越堕落，文学也就一落千丈。

——歌德

异端是生活的诗歌，因此，有异端思想是无伤于一个诗人的。

——歌德

优秀的作品无论你怎样去探测它，都是探不到底的。

——歌德

文学使思想充满肉和血，它比哲学或科学更能给予思想以巨大的明确性和说明性。

——高尔基

言者志之苗，行者文之根。

——白居易

只有伟大的人格，才有伟大的风格。

——歌德

功莫大于去恶而好善，罪莫大于去善而为恶。

——贾谊

弄文学的人，只要一坚韧、二认真、三韧长，就可以了。

——鲁迅

任何文学，如不把完善道德理想和有益作为目的，都是病态的、不健康的文学。

——小仲马

文学应该预见未来，用自己那最美的鼓舞人心的成果跑在最前面，就像它在护着生活向前迈进似的。

——列夫·托尔斯泰

如果你过分珍爱自己的羽毛，不使它受一点损伤，那么你将失去两只翅膀，永远不再能够凌空飞翔。

——雪莱

22 进取

我始终不愿抛弃我奋斗的生活，一个人应该避免恶行，像爱惜生命的人避免毒物一般。

——别林斯基

人类力求超过野兽，力求理解与美化孤单的人们组成的这个残酷的、四分五裂的世界，这一愿望具有强大的力量，也只有这个力量在唤醒艺术与科学。

——高尔基

千万不要胆怯，绝不能睁着眼让别人夺去你的权利；这是你自己的责任，没法叫别人替代。

——泰戈尔

在无人喝彩的时候，我们不要放弃努力，要学会为自己鼓掌。

——英国民间谚语

忍耐和坚持虽是痛苦的事情，但却能渐渐地为你带来好处。

——奥维德

所有坚忍不拔的努力迟早会取得报酬。

——安格尔

光景不待人，须臾发成丝。

——李白

石可破也，而不可夺坚；丹可磨也，而不可夺赤。

——吕不韦

成功的唯一秘诀：坚持最后一分钟。

——柏拉图

通过辛勤工作获得财富才是人生的大快事。

——巴尔扎克

只有具备真才实学，既了解自己的力量又善于适当而谨慎地使用自己力量的人，才能在世俗事务中获得成功。

——歌德

一个人失败的最大原因，是对自己的能力缺乏充分的信心，甚至以为自己必将失败无疑。

——本杰明·富兰克林

我们唯一不会改正的缺点是软弱。

——拉罗什富科

把活着的每一天都看作是生命的最后一天。

——海伦·凯勒

困难与折磨对于人来说，是一把打向坯料的锤，打掉的应是脆弱的铁屑，锻成的将是锋利的钢刀。

——契诃夫

不会思考的人是白痴，不肯思考的人是懒汉，不敢思考的人是奴才。不要企图无所不知，否则你将一无所知。

——德谟克利特

23

读书

对于有文化的人，读书是高尚的享受。我重视读书，它是我的一种宝贵的习惯。

——高尔基

好的书，对青少年的成长乃至他们的一生，都会产生深远的影响。阅读只是给头脑提供认识的材料；思考才使我们阅读的东西，成为我们自己的。

——约翰·洛克

读书对于我来说是驱散生活中的不愉快的最好手段，没有一种苦恼是读书所不能驱散的。

——孟德斯鸠

热爱书吧，这是知识的源泉。只有知识才是有用的，只有它才能够使我们在精神上成为坚强忠诚和有理智的人，成为能够真正爱人类、尊重人类劳动、衷心地欣赏人类那不间断的伟大劳动所产生的美好果实的人。

——高尔基

我们一面要养成读书心细的习惯，一面要养成读书眼快的习惯。心不细则毫无所得，等于白读；眼不快则时候不够用，不能博搜资料。

——梁启超

我读书总是以少为贵，人不贪学。不怕读得少，只怕记不牢。

——徐特立

读书读得太多，反而会造成一些自以为是的无知的人。

——卢梭

读书是一种探险，如探新大路，如征新土壤。

——杜威

一个人要善于读书，必须是一个发明家。

——爱默森

读书欲精不欲博，用心欲专不欲杂。

——黄庭坚

别忘记，读书是取得多方面知识的最重要的手段。

——赫尔岑

每日所读之书，最好分两类：一类是精读的，一类是浏览的。

——梁启超

把一页书好好地消化，胜过匆忙地阅读一本书。

——考尔德

买书没有读书难，读书没有消化难。

——奥斯勒

能够摄取必要营养的人要比吃得很多的人更健康，同样，真正的学者往往不是读了很多书的人，而是读了有用的书的人。

——亚里斯提卜

那些你打算焚毁却又舍不得松手的书才是有用的。

——塞缪尔·约翰逊

要掌握书，莫被书掌握；要为生而读，莫为读而生。

——布尔沃·利顿

如果我阅读得和别人一样多，我就知道得和别人一样少。

——霍伯斯

大抵观书须先熟读，使其言皆若出于吾之口；继以精思，使其意皆若出于吾之心，然后可以有得也尔。

——朱熹

贫寒更须读书，富贵不忘稼穑。

——王永彬

对图书倾注的爱，就是对才智的爱。

——德伯里

读书之乐乐陶陶，起弄明月霜天高。

——朱熹

两个人如果读过同一本书，他们之间就有一条纽带。

——拉尔夫·沃尔多·爱默生

欲读天下之奇书，须明天下之大道。

——蒲松龄

在所阅读的书本中找出可以把自己引到深处的东西，把其他一切统统抛掉，就是抛掉使头脑负担过重和会把自己诱离要点的一切。

——爱因斯坦

学会读书，便是点燃火炬；每个字的每个音节都发射火星。

——雨果

书本应该依据科学，而不是让科学去依据书本。

——弗朗西斯·培根

读书给人以乐趣，给人以光彩，给人以才干。

——弗朗西斯·培根

当我们读书太快或太慢时，我们什么也不能理解。

——帕斯卡

读书可启发心灵，就像运动有助于身体健康。

——斯帝勒

读了一本书，就像对生活打开了一扇窗户。

——奥斯特洛夫斯基

光明给我们经验，读书给我们知识。

——奥斯特洛夫斯基

韬略终须建新国，奋起还得读良书。

——郭沫若

读死书会变成书呆子，甚至于成为书橱。

——鲁迅

读书使人充实，思考使人深邃，交谈使人清醒。

——本杰明·富兰克林

用心念书，是为了避免成为不中用的人。

——纪伯伦

不尽读天下之书，不能相天下之士。

——汤显祖

读书足以怡情、足以博采、足以长才。

——弗朗西斯·培根

有阅读能力而不愿读好书的人和文盲没有两样。

——马克·吐温

彻底消化几本书，强如把几百本书放在嘴里不咽下去。

——奥斯本

书籍，通过心灵观察世界的窗口。住宅里没有书，犹如房间没有窗户。

——威尔逊

读书是学习，摘抄是整理，写作是创造。

——吴晗

不去读书就没有真正的教养，同时也不可能有什么鉴别力。

——赫尔岑

我们可以由读书搜集知识，但必须利用思考把糠和麦子分开。

——富斯德

读书无嗜好，就能尽其多。不先泛览群书，则会无所适从或失之偏好，广然后深，博然后专。

——鲁迅

我觉得，当书本给我讲到闻所未闻、见所未见的人物、感情、思想和态度时，似乎是每一本书都在我面前打开了一扇窗户，让我看到一个不可思议的新世界。

——高尔基

谬误百出的书可能是本有趣的书；而一点儿谬误都没有的书也许是本十分乏味的书。

——哥尔斯密

好书是生活中最宝贵的财富之一。

——史美尔斯

奇文共欣赏，疑义相与析。

——陶渊明

经验丰富的人读书用两只眼睛，一只眼睛看到纸面上的话，另一眼睛看到纸的背面。

——歌德

古往今来，许多世家无非积德。天地间第一人品，还是读书。

——金缨

不读书的人，思想就会停止。

——狄德罗

书籍便是这种改造灵魂的工具。人类所需要的是富有启发性的养料，而阅读则正是这种养料。

——雨果

读书之法无他，唯是笃志虚心，反复详玩，为有功耳。

——朱熹

读书，这个我们习以为常的平凡过程，实际上是人的心灵和上下古今一切民族的伟大智慧相结合的过程。

——高尔基

读书之于头脑，好比运动之于身体。

——爱迪生

举一纲而万目张，解一卷而众篇明。

——郑玄

读书务在循序渐进；一书已熟，方读一书，勿得鲁莽躐等，虽多无益。

——胡居仁

读书是在别人思想的帮助下，建立起自己的思想。

——鲁巴金

和书籍生活在一起，永远不会叹气。

——罗曼·罗兰

书籍并不是没有生命的东西，它包藏着一种生命的潜力，与作者同样活跃。不仅如此，它还像一个宝瓶，把作者生机勃勃的智慧中最纯净的精华保存起来。

——弥尔顿

书籍是当代真正的大学。

——托马斯·卡莱尔

好的书籍是最贵重的珍宝。

——别林斯基

读书造成充实的人，会议造成未能觉悟的人，写作造成正确的人。

——弗朗西斯·培根

人的影响短暂而微弱，书的影响则广泛而深远。

——普希金

生活在我们这个世界里，不读书就完全不可能了解人。

——高尔基

读书时，我愿在每一个美好思想的面前停留，就像在每一条真理面前停留一样。

——拉尔夫·沃尔多·爱默生

读书而不思考，等于吃饭而不消化。

——波尔克

读书是我唯一的娱乐。我不把时间浪费于酒店、赌博或任何一种恶劣的游戏；而我对于事业的勤劳，仍是按照必要，不倦不厌。

——本杰明·富兰克林

读书忌死读，死读钻牛角。

——叶圣陶

读书之法，在循序而渐进，熟读而精思。

——朱熹

读书破万卷，下笔如有神。

——杜甫

无限相信书籍的力量，是我的教育信仰的真谛之一。

——苏霍姆林斯基

书是唯一不死的东西。

——丘特

书籍把我们引入最美好的社会，使我们认识各个时代的伟大智者。

——史美尔斯

为学之道，莫先于穷理；穷理之要，必在于读书；读书之法，莫贵于循序而致精；而致精之本，则又在于居敬而持志。

——朱熹

书籍是伟大的天才留给人类的遗产。

——爱迪生

读书不要贪多，而是要多加思索，这样的读书使我获益不少。

——卢梭

不吃饭则饥，不读书则愚。

——高尔基

少而好学，如日出之阳；壮而好学，如日中之光；老而好学，如秉烛之明。

——刘向

三更灯火五更鸡，正是男儿读书时。黑发不知勤学早，白首方悔读书迟。

——颜真卿

书山有路勤为径，学海无涯苦作舟。

——韩愈

24

知识

知识，只有当它靠积极的思维得来而不是凭印记得来的时候，才是真正的知识。

——列夫·托尔斯泰

知识有重量，但成就有光泽。有人感觉到知识的力量，但更多的人只看到成就的光泽。

——切斯特菲尔德

知识是珍宝，但实践是得到它的钥匙。

——托马斯·富勒

生活便是寻求新的知识。

——门捷列夫

具有丰富知识和经验的人，比只有一种知识和经验的人更容易产生新的联想和独到的见解。

——泰勒

知识主要是靠主动“抓”出来的，不是靠“教”出来的。

——钱三强

只有知识才是力量，只有知识能使我们诚实地爱人、尊重人的劳动，由衷地赞赏无间断的、伟大劳动的美好成果；只有知识才能使我们成为具有坚强精神的、诚实的、有理性的人。

——高尔基

闭门觅句非诗法，只是征行自有诗。

——杨万里

除了知识和学问之外，世上没有任何力量能在人的精神和心灵中，在人的思想、想象、见解和信仰中建立起统治和权威。

——弗朗西斯·培根

作为心智脂肪储备起来的知识并无用处，只有变成了心智肌肉才有用。

——斯宾塞

知识和世故不同，真有学问的人往往是很天真的。

——罗曼·罗兰

自然赐给了我们知识的种子，而不是知识的本身。

——塞涅卡

知识是治疗恐惧的药。

——拉尔夫·沃尔多·爱默生

学习专看文学书，也是不好的。先前的文学青年，往往厌恶数学、理化、史地、生物学，以为这些都无足轻重，后来变成连常识也没有。

——鲁迅

我扑在书籍上，像饥饿的人扑在面包上一样。

——高尔基

阅读意味着借债；在阅读中有所创见就是偿还了欠债。

——利希滕贝格

课外阅读，用形象的话来说，既是思考的大船借以航行的帆，也是鼓帆前进的风。没有阅读，就既没有帆，也没有风。

——苏霍姆林斯基

你应该小心一切假知识，它比无知更危险。

——萧伯纳

阅读使人充实，会谈使人敏捷，写作与笔记使人精确。

——弗朗西斯·培根

看书和学习是思想的经常营养，是思想的无穷发展。

——冈察洛夫

观书亦须从头循序而进，可以浅深难易有所取舍，自然意味详密。

——朱熹

阅读是一项高尚的心智锻炼。

——梭罗

一小时的阅读，不会因毫无所获而令你伤心。

——孟德斯鸠

智慧、友爱，这是照亮我们黑夜的唯一光亮。

——罗曼·罗兰

科学是没有国界的，因为它是属于全人类的财富，是照亮世界的火把，但学者是属于祖国的。

——巴斯德

人的知识愈广，人的本身也愈臻完善。

——高尔基

25

时间

时间是世界上一切成就的土壤。时间给空想者痛苦，给创造者幸福。

——麦金西

黄金时代在我们面前而不在我们背后。

——马克·吐温

只要我们能善用时间，就永远不愁时间不够用。

——歌德

不等待机会所送礼物的人，就是征服了命运。

——阿诺德

人的全部本领无非是耐心和时间的混合物。

——巴尔扎克

浪费时间是所有支出中最奢侈及最昂贵的。

——本杰明·富兰克林

荒废时间等于荒废生命。

——川端康成

闲暇是为了做出某种有益的事而有的时间。

——本杰明·富兰克林

青年时代是培养习惯、期望和信念的一段时光。

——拉斯金

据我观察，大部分人都是在别人荒废的时间里崭露头角的。

——亨利·福特

普通人只想到如何度过时间，有才能的人设法利用时间。

——叔本华

时间是一个伟大的作者，它会给每个人写出完美的结局来。

——卓别林

时间是不可占有的公共财产，随着时间的推移，真理愈益显露。

——弗朗西斯·培根

一个人越知道时间的价值，越备觉失时的痛苦。

——但丁

想要有空余时间，就不要浪费时间。

——本杰明·富兰克林

时间就是生命，时间就是速度，时间就是力量。

——郭沫若

把时间用得节省些，我很可能把最珍贵的金刚石拿到手。

——歌德

土地是以它的肥沃和收获而被估价的；才能也是土地，不过它生产的不是粮食，而是真理。如果只能滋生冥想和幻想的话，即使再大的才能也只是沙地或盐池，那上面连小草也长不出来的。

——别林斯基

时间是无声的脚步，不会由于我们有很多事情需要处理而稍停片刻。

——莎士比亚

最长的莫过于时间，因为它永远无穷尽。最短的也莫过于时间，因为我们所有的计划都来不及完成。

——伏尔泰

时间是我的财产，我的田亩是时间。

——歌德

时间，每天得到的都是二十四小时，可是一天的时间给勤勉的人带来智慧和力量，给懒散的人只留下一片悔恨。

——鲁迅

时间就像海绵里的水，只要愿挤，总还是有的。

——鲁迅

世上最可贵的是时间，世上最奢靡的是挥霍时光。

——莫扎特

合理安排时间，就等于节约时间。

——弗朗西斯·培根

26

乐观

心如大地者，明；行如绳墨者，彰。

——刘向

人，总有根据前人思索过的记忆来使用眼睛的习惯，因而一切东西都一定还有未被探索到的地方。

——福楼拜

如果你的思想再也溅不起浪花，这会比死亡更可怕。没有不可认识的东西，我们只能说还有尚未被认识的东西。

——高尔基

人生真正的完美不在于他拥有什么，而在于他是什么。

——王尔德

一个人的生命只有一次，玩忽不得，正如古诗说得好：百川东到海，何时复西归。少壮不努力，老大徒伤悲。

——华罗庚

怀疑即思考，思考即人生。

——康拉德

人比动物高贵的地方就在于他有说话的能力，如果他把这种能力用得不当，就会比动物更低。

——萨迪

思想的价值和思想的影响力是成正比的。

——布尔沃·利顿

每个人都不同于他人，每一天他也不同于自身。

——蒲柏

宇宙万物之中，没有一样东西能像思想那么顽固。

——拉尔夫·沃尔多·爱默生

一天是永恒的缩影。

——拉尔夫·沃尔多·爱默生

人只有靠眼睛才上升到天上，因此理论是从注视天空开始的。最早的哲学家们是天文学家，天空使人想起自己的使命。

——费尔巴哈

有时宽容引起的道德震动比惩罚更强烈。

——苏霍姆林斯基

一个伟大的人有两颗心：一颗心流血，一颗心宽容。

——纪伯伦

优美的思想在哪里停止飞舞，迫害狂就在哪里开始。

——谢德林

可以断定，思想和身体一样，稍有过度的安逸，便会如染瘟病。

——狄更斯

我们思想的发展在某种意义上常常来源于好奇心。

——爱因斯坦

一个人越接近目标，困难就越增加。

——歌德

伟大的思想只有付诸行动才能成为壮举。

——威赫兹里特

一个人只要有思想，他就是自由的。

——拉尔夫·沃尔多·爱默生

一个人要认识真理，得花七年的工夫去沉思默想；如果要懂得怎样向人阐发真理，得花十四年的时光。一个人给予别人的东西越多，而自己要求得越少，他就越好；一个人给予别人的东西越少，而自己要求得越多，他就越坏。

——列夫·托尔斯泰

与别人交流有助于提高自己的思想修养。

——米歇尔·德·蒙田

一个人如果能对自己过去的行为和动机加以反省，并且觉得其中若干是对的，若干是不对的，他便是一个能辨别是非的人。

——达尔文

所谓完善的人，就是心胸宽广，富有献身和牺牲精神，誓为全人类的幸福而努力奋斗的人。

——塞德兹

世界万物的哀喜都取决于人的世界观。世界观可以给事物蒙上暗淡的色彩，也可以给它们染上绚丽的光泽。

——克莱泽

生活，就应当努力使之美好起来。

——列夫·托尔斯泰

思索，是愚变智的钥匙；不思，是智变愚的根由。思索，持续不断地思索，以待天曙，渐进乃见光明。

——牛顿

快乐不在于事情，而在于我们自己。

——理查德·瓦格纳

快乐既然是人类和兽类所共同追求的东西，所以从某种意义上说，它就是最高的善。

——亚里士多德

人的伟大在于他的思想的能力。

——帕斯卡尔

快乐并不需要下流或肉欲。往昔的智者们都认为只有智性的快乐最令人满足而且最能持久。

——毛姆

静默是表示快乐的最好的方法，要是我能够说出我心里多么快乐，那么我的快乐只是有限度的。

——莎士比亚

生活像一首歌那样轻快流畅时，笑颜常开乃易事；而在一切事都不妙时，仍能微笑的人是真正的乐观。

——威尔科克斯

任凭雨注，总有天晴时。

——非洲民间谚语

纵声欢唱的人会把灾祸和不幸吓走。

——西班牙民间谚语

只有含辛茹苦，才能获得真正的欢乐。

——S.C. 圣笈多

真正的快乐是内在的，它只有在人类的心灵里才能发现。

——布雷默

在美好的景色、悦耳的声音和扑鼻的芳香给我带来的愉快当中，我不会紧锁住自己感官的大门。

——S.C. 圣笈多

越是别人都羡慕我的幸福，我就觉得这幸福更有滋味。

——巴尔扎克

乌云后面依然是灿烂的晴天。

——朗弗罗

27

道德

善恶的区别，在于行为的本身，不在于地位的有无。

——莎士比亚

人之为善，百善而不足。

——杨万里

道德是永存的，而财富是每天都在更换主人的。

——普鲁塔克

品性是一个人的内在，名誉是一个人的外貌。

——莎士比亚

善良的最光荣的标志是坦白地承认自己的错误以及别人的错误，用道德的力量去中止趋于邪恶的倾向。

——米歇尔·德·蒙田

利人的品德，我认为就是善。

——弗朗西斯·培根

行善的人应该觉得自己快乐才对。

——罗曼·罗兰

有学问而无道德，如一恶汉；有道德而无学问，如一鄙夫。

——罗斯福

为了在生活中努力发挥自己的作用，热爱人生吧！

——罗丹

礼貌经常可以替代最高贵的感情。

——梅里美

善的光荣是在人们的良心中，而不在人们的话语里。

——列夫·托尔斯泰

与善人行善会使其更善，与恶人行善会使其更恶。

——罗曼·罗兰

每一个人都会开列出一张长长的清单，要求他的朋友应具备哪些美德与良好品格，但却很少有人愿照着自己的清单去培养自己的品德。

——爱迪生

如果没有德行，人类就是一种忙碌、有害和可怜的生物，不会比任何一种渺小的害虫更优越。

——弗朗西斯·培根

无聊，对于道德家来说是一个严重的问题，因为人类的罪过半数以上都是源于对它的恐惧。

——罗素

如果你的道德观念令你消沉，那它们就一定是错误的道德观念。

——史蒂文森

那最神圣恒久而又日新月异的，那最使我们感到惊奇和震撼的两件东西，是天上的星空和我们心中的道德。

——康德

最高的道德就是不断地为人服务，为人类的爱而工作。

——马卡连柯

人生的价值，并不是用时间，而是用深度去衡量的。

——列夫·托尔斯泰

害羞是畏惧或害怕羞辱的情绪，这种情绪可以阻止人不去犯某些卑鄙的行为。

——斯宾诺莎

品格如同树木，名声如同树荫。我们常常考虑的是树荫，却不知树木才是根本。

——林肯

把“德性”教给你们的孩子：使人幸福的是德性，而非金钱。这是我的经验之谈。在患难中支持我的是道德，使我不曾自杀的，除了艺术以外也是道德。

——贝多芬

若无德，则虽体魄智力发达，适足助其为恶。

——蔡元培

装饰对于德行也同样是格格不入的，因为德行是灵魂的力量和生气。

——卢梭

谁能从道德败坏的地方脱出来，还保持洁白，便是有了最伟大的功德。

——显克微支

没有单纯、善良和真实，就没有伟大。

——列夫·托尔斯泰

美德可以打扮一个人，而财富只能装饰房子。

——欧洲民间谚语

不论用什么方法获得名誉，如果没有品格来扶持，名誉终必归于消灭。

——华盛顿

所谓恶人，无论有过多么善良的过去，也已滑向堕落的道路而消逝其善良性；所谓善人，即使有过道德上不堪提及的过去，但他还是向着善良前进的人。

——杜威

唯宽可以容人，唯厚可以载物。君子以厚德载物。

——薛瑄

人心之得其正者，即道心，道心之失其正者，即人心。

——王阳明

对于道德的实践来说，最好的观众就是人们自己的良心。

——西塞罗

如果道德败坏了，趣味也必然会堕落。

——狄德罗

作为一个人，对父母要尊敬，对子女要慈爱，对穷亲戚要慷慨，对一切人要有礼貌。

——罗素

28 尊重

教育成功的秘密在于尊重学生。

——爱默森

尊重别人的人不应该谈自己。

——高尔基

人的一切尊严，就在于思想。

——巴斯葛

尊重真理就是聪明睿智的开端。

——赫尔岑

珍视思想的人，必然珍视自己的尊严。

——苏霍姆林斯基

尊重人不应该胜于尊重真理。

——柏拉图

君子之于人也，当于有过中求无过，不当于无过中求有过。

——程颐

不尊重别人的人，别人也不会尊重他。

——席勒

对于应尊重的事物，我们应当或是缄默不语，或是大加称颂。

——尼采

擦地板和洗痰盂的工作与总统的职务一样，都有其尊严存在。

——尼克松

只有当你想得到别人的尊重而又没有其他办法时，漂亮的衣服才能派上用场。

——塞缪尔·约翰逊

要尊重每一个人，不论他是何等的卑微与可笑。要记住，活在每个人身上的是和你我相同的性灵。

——叔本华

学会爱人，学会懂得爱情，学会做一个幸福的人——这就是要学会尊重自己，就是要学会人类的美德。

——马卡连柯

礼仪的目的与作用本在于使得本来的顽固变柔顺，使人们的气质变温和，使他尊重别人和别人合得来。

——约翰·洛克

谁自尊，谁就会得到尊重。

——巴尔扎克

对别人的意见要表示尊重，千万别说："你错了。"

——戴尔·卡耐基

尊重别人，才能让人尊敬。

——笛卡儿

一个人应当时刻尊重他人，尊重不同的观念。一个人总要尝试去理解对方的立场，站在对方的立场看问题，可以使我们的胸怀更宽广。

——巴菲特

如果希望赢得他人的尊重，首先尊重自己。

——西班牙民间谚语

无论是别人在跟前或是自己单独的时候，都不要做一点卑劣的事情：最要紧的是自尊。

——毕达哥拉斯

人应尊敬他自己，并应自视能配得上最高尚的东西。

——黑格尔

忍辱偷生的人绝不会受人尊重。

——高乃依

对人不尊敬的人，首先就是对自己不尊重。

——陀思妥耶夫斯基

29

爱国

爱家的人才能爱国。

——柯尔律治

我重视祖国的利益，甚于自己的生命和我所珍爱的儿女。

——莎士比亚

纵使世界给我珍宝和荣誉，我也不愿离开我的祖国。因为纵使我的祖国在耻辱之中，我还是喜欢、热爱、祝福我的祖国。

——裴多菲

每一个伟大人物的历史意义，是以他对祖国的功勋来衡量的，他的人品是以他的爱国行为来衡量的。

——车尔尼雪夫斯基

中国自古以来，就有埋头苦干的人，就有拼命硬干的人，就有为民请命的人，就有舍身求法的人。他们是中国的脊梁。

——鲁迅

爱国主义在美国是很容易理解的，它意味着用警惕你的国家的方式警惕自己。

——卡尔文·柯立芝

管理一个家庭的麻烦，并不少于治理一个国家。

——蒙泰格尼

属于人民的人，为了爱国的理想而死去，他们牺牲了自己。可是派他们去牺牲的人，却为了自己的利益而活着，结果利益比理想的寿命更长。

——罗曼·罗兰

爱国主义也和其他道德情感与信念一样，使人趋于高尚，使人愈来愈能了解并爱好真正美丽的东西，从对于美丽东西的知觉中体验到快乐，并且用尽一切方法使美丽的东西体现在行动中。

——凯洛夫

人类最高的道德标准是什么？那就是爱国心。

——拿破仑

人不仅为自己而生，而且也为祖国活着。

——柏拉图

我们要把心灵里美丽的激情献给祖国。

——普希金

热爱自己的祖国是理所当然的事。

——海涅

我们是国家的主人，应该处处为国家着想。

——马卡连柯

祖国更重于生命，是我们的母亲、我们的土地。

——聂鲁达

没有祖国，就没有幸福。每个人必须植根于祖国的土壤里。

——屠格涅夫

寄意寒星荃不察，我以我血荐轩辕。

——鲁迅

假如我有一些能力的话，我就有义务把它献给祖国。

——林奈

我怀着比对我自己的生命更大的尊敬、神圣和严肃，去爱国家的利益。

——莎士比亚

不要问国家能为你做什么，而要问你能为国家做什么。

——肯尼迪

不能不热爱祖国，但是这种爱不应该消极地满足于现状，而应该是生机勃勃地希望改进现状，并尽自己的力量来促进这一点。

——别林斯基

一腔热血勤珍重，洒去犹能化碧涛。

——秋瑾

烈士之爱国也如家。

——葛洪

扶衰忍冷君勿笑，报国寸心坚似铁。

——陆游

心事浩茫连广宇，于无声处听惊雷。

——鲁迅

常思奋不顾身，而殉国家之急。

——司马迁

夜视太白收光芒，报国欲死无战场。

——陆游

一般就在部分之中；谁不属于自己的祖国那么他也就不属于人类。

——别林斯基

我们为祖国服务，也不能都采用同一方式，每个人应该按照资禀，各尽所能。

——歌德

人们不能没有面包而生活，人们也不能没有祖国而生活。

——雨果

“我的祖国”这几个字能激起人们无限崇高的理想。

——拉尔夫

人民是祖国的集中体现。

——赞格威尔

人类第一个国王乃是一名成功的士兵，国家的功臣无需荣耀的祖先。

——伏尔泰

为祖国而死是幸福和光荣的。

——贺拉斯

爱祖国高于一切。

——肖邦

力争使祖国变得更加美好的人才是最爱国的。

——英格索尔

祖国的伟大和力量原来就蓄存在祖国自己的身上。

——泰戈尔

必须经过祖国这一层楼，然后更上一层楼，达到人类的高度。

——罗曼·罗兰

祖国是人民的共同父母。

——西塞罗

要像鹰爱巢一样爱你的祖国。

——阿尔巴尼亚民间谚语

30 成功

胜利者往往是从坚持最后五分钟的时间中得来成功。

——梭罗

成功的最佳捷径是让人们清楚地知道，你的成功符合他们的利益。

——拉布吕耶尔

一个获得成功的人，从他的同胞那里所取得的，总是无可比拟地超过他对他们所做的贡献。

——爱因斯坦

如果你问一个善于溜冰的人怎样获得成功时，他会告诉你："跌倒了，爬起来"，这就是成功。

——梭罗

如果你希望成功，当以恒心为良友，以经验为参谋，以当心为兄弟，以希望为哨兵。

——爱迪生

大多数人是保守的，不轻易相信新事物，但能容忍对现实中的众多失败。

——卡莱尔

无论何事，只要对它有无限的热情，你就能取得成功。

——施瓦布

有所成就是人生的真正的乐趣。

——爱迪生

我成功是因为我有决心，从不踌躇。

——拿破仑

成功的秘诀在于永不改变既定的目的。

——卢梭

天下绝无不热烈勇敢地追求成功而能取得成功的人。

——拿破仑

成功的艺术处理的最高成就就是美。

——歌德

成功的秘诀，是在养成迅速去做的习惯，要趁着潮水涨的一刹那，不但没有阻力，而且能帮助你迅速地成功。

——劳伦斯

成功只有一种——按自己的意愿过一生。

——马洛

拼命去争取成功，但不要期望一定会成功。

——法拉第

最困难之时，就是我们离成功不远之日。

——凯撒

成功是结果，而不是目的。

——福楼拜

勤劳工作，诚恳待人是迈向成功的途径。这与没有尝过辛苦而获得成功的滋味迥然不同。不下功夫，却能成功，根本是不可能的事情。

——松下幸之助

对于成功的坚信不疑，时常会导致真正的成功。

——弗洛伊德

要想成功，就千万不能忽视任何事情……他必须对一切都下功夫，那也许还能有所收获。

——屠格涅夫

凡事皆有终结，因此耐心是赢得成功的一种手段。

——高尔基

当一个人一心一意做好事情的时候，他最终是必然会成功的。

——卢梭

人生是短促的，这句话应该促使每一个人去进行一切他所想做的事。虽然勤勉不能保证一定成功，死亡可能摧折欣欣向荣的事业，但那些功业未遂的人，至少已有参加行伍的光荣，即使他未获胜，却也算战斗过。

——塞缪尔·约翰逊

你因成功而内心充满喜悦的时候，就没有时间颓废。

——弗兰克

我们倒下去要爬起来，受到挫折要战斗得更好。

——勃朗宁

我们有力的道德就是通过奋斗取得物质上的成功；这种道德既适用于国家，也适用于个人。

——罗素

努力是成功之母。

——塞万提斯

成功之道无他，唯悉力从事你的工作，而不消存沽名钓誉之心。

——朗弗罗

聪明人之所以不会成功，是由于他们缺乏坚韧的毅力。

——梭罗

要成功一项事业，必须花掉毕生的时间。

——列文·虎克

祸患多蕴藏在隐微地方，而发生在人们疏忽的时候。

——弗朗西斯·培根

忽视当前一刹那的人，等于虚掷了他所有的一切。

——本杰明·富兰克林

在一切有困难的交涉中，不可希冀一边下种一边收割。

——弗朗西斯·培根

灰心生失望，失望生动摇，动摇生失败。

——弗朗西斯·培根

一个成功者所知道的，除了勤奋，便是谦逊。

——中国民间谚语

成功与失败的分水岭，可以用这五个字来表达——我没有时间。

——本杰明·富兰克林

经验显示，成功多源于赤忱，而少出于能力。胜利者就是把自己身体和灵魂都献给工作的人。

——查尔斯·巴克斯顿

一时的成就以多年的失败为代价而取得。

——勃朗宁

31

爱情

爱情，如果不落实到穿衣、吃饭、数钱、睡觉这些实实在在的生活里去，是不容易天长地久的。

——三毛

爱情的意义在于帮助对方提高，同时也提高自己。

——车尔尼雪夫斯基

爱情抵抗不住烦琐的家务，必须至少有一方品质极坚强。

——巴尔扎克

爱情和工作都能使人对外界漠不关心。

——巴尔扎克

爱情和婚姻是两股道上跑的车。

——米歇尔·德·蒙田

爱情越热烈、越真诚，就越要含蓄。

——巴尔扎克

眼睛为她下着雨，心却为她打着伞，这就是爱情。

——泰戈尔

爱一个人意味什么呢？这意味着为他的幸福而高兴，为使他能够更幸福而去做需要做的一切，并从这当中得到快乐。

——车尔尼雪夫斯基

彼此恋爱，却不要做爱的系链。

——纪伯伦

当你真心爱一个人时，那人除了有崇高的才能外，他还有一些可爱的弱点，这也是你爱他的重要关键。

——摩路瓦

毫无经验的初恋是迷人的，但经得起考验的爱情是无价的。

——马尔林斯基

恋爱是结婚的过程；结婚是恋爱的目的。

——叔本华

能使所爱的人快乐，便是得了报酬。

——巴尔扎克

如果一个人把生活兴趣全部建立在爱情那样暴风雨般的感情冲动上，那是会令人失望的。

——居里夫人

生活是鲜花，爱情是蜂蜜。

——雨果

我承认天底下再没有比爱情的责罚更痛苦的，也没有比服侍它更快乐的事了。

——莎士比亚

我们恋爱可能不感到快乐，也可能快乐而并非恋爱。

——巴尔扎克

人不能绝灭爱情，亦不可迷恋爱情。

——弗朗西斯·培根

爱情不仅会占领开旷坦阔的胸怀，有时也能闯入壁垒森严的心灵。

——弗朗西斯·培根

因为爱情进入了人的心里，是打骂不走的。它既然到了您的身上，就会占有您的一切。您既然已经爱上了，事情就只好如此，唯一的途径是想个最便宜的方法如愿以偿。

——斯蒂文森

爱情像月亮，也会有阴晴圆缺的。

——塞格

爱情的快乐不能在激情的拥抱中告终。爱，必须有恒久不变的特质，要爱自己，也要爱对方。

——波普

女人是用耳朵恋爱的，而男人如果会产生爱情的话，却是用眼睛来恋爱。

——莎士比亚

自由之于人类，就像亮光之于眼睛、空气之于肺腑、爱情之于心灵。

——英格索尔

淑女的眼睛是爱情灿烂的明星。

——丁尼生

习俗是爱情的天敌。

——布尔沃·利顿

习惯就是一切，甚至在爱情中也是如此。

——沃维纳格

爱情、希望、恐惧和信仰构成了人性，它们是人性的标志和特征。

——勃朗宁

喜欢一个人，是不会有痛苦的。爱一个人，也许有绵长的痛苦，但他给我的快乐，也是世上最大的快乐。

——张爱玲

无法厮守终生的爱情，不过是人在长途旅程中，来去匆匆的转机站，无论停留多久，始终要离去坐另一班机。

——张爱玲

缘起缘灭，缘浓缘淡，不是我们能够控制的。我们能做到的，是在因缘际会的时候好好地珍惜那短暂的时光。

——张爱玲

谈话有一种魅力，就像爱情和醇酒，神不知鬼不觉地就能诱使我们说出自己的秘密。

——塞涅卡

每个人身上都有一口泉眼，不断喷涌出生命、活力、爱情。如果不为它挖沟疏导，它就会把周围的土地变成沼泽。

——马克·拉瑟福德

爱情是耗尽锐气的激情，爱情是置意志于一炬的火焰，爱情是把人骗入泥潭的诱饵，爱情将剧毒抹在命运之神的箭上。

——梅斯菲尔德

离别使爱情热烈，相逢则使它牢固。

——托·富勒

短暂的离别会促进爱情，长久的分离却会将它扼杀。

——夏尔·德·圣埃弗雷芒

爱情是个变幻莫测的家伙，它渴望得到一切，却几乎对一切都感到不满。

——马德莱娜·德·斯居代里

爱情就像财富，有赖于命运之轮，它始终处于剧烈的上下颠簸之中。

——范布勒

女人的一生就是一部爱情的历史。

——欧文

最甜美的是爱情，最苦涩的也是爱情。

——菲·贝利

爱情的欢乐中掺杂着泪水。

——罗·赫里克

爱情不过是一种疯。

——莎士比亚

爱情存在于奉献的欲望之中，并把情人的快乐视作自己的快乐。

——斯韦登伯格

只要男女真心相爱，即使终了不成眷属，也还是甜蜜的。

——丁尼生

真正的爱情能够鼓舞人，唤醒他内心沉睡着的力量和潜藏着的才能。

——薄伽丘

真诚的爱情的结合是一切结合中最纯洁的。

——卢梭

友谊要像爱情一样才温暖人心，爱情要像友谊一样才牢不可破。

——穆尔

一见钟情是唯一真诚的爱情；稍有犹豫便就不然了。

——赞格威尔

爱本质上是给予而非获取。

——弗洛姆

爱除自身外无施与，除自身外无接受。

——纪伯伦

爱的欢乐寓于爱之中，享受爱情比唤起爱更加令人幸福。

——拉罗什富科

爱的力量是和平，从不顾理性、成规和荣辱，它能使一切恐惧、震惊和痛苦在身受时化作甜蜜。

——莎士比亚

爱叫懦夫变得大胆，却叫勇士变成懦夫。

——莎士比亚

爱情，你的话是我的食粮，你的气息是我的醇酒。

——歌德

爱情，只有情，可以使人敢于为所爱的人献出生命，这一点，不但男人能做到，而且女人也能做到。

——柏拉图

爱情把我拽向这边，而理智却要把我拉向那边。

——奥维德

爱情不会因为理智而变得淡漠，也不会因为雄心壮志而丧失殆尽。它是第二生命；它渗入灵魂，温暖着每一条血管，跳动在每一次脉搏之中。

——爱迪生

爱情不是花荫下的甜言，不是桃花源中的蜜语，不是轻绵的眼泪，更不是死硬的强迫，爱情是建立在共同语言的基础上的。

——莎士比亚

迄今为止所发生的一切，爱情的陶醉和战栗，占有的痉挛，探听不到秘密激起的怒火，全都消逝得无影无踪：只有爱情带着忧伤甘美的滋味把他紧紧搂住，一种已经几乎没有任何渴望、可是无比强烈的爱情。

——茨威格

爱情就等于生活，而生活是一种责任、义务，因此爱情是一种责任。

——冈察洛夫

爱情里要是掺杂了和它本身无关的算计，那就不是真的爱情。

——莎士比亚

爱情没有规则，也不应该有条件。

——黎里

爱情中的欢乐和痛苦是交替出现的。

——拜伦

爱情使人心的憧憬升华到至善之境。

——但丁

爱情使是非概念混淆不清；强烈的爱情和骄傲的野心都是没有疆界的。

——约翰·德莱顿

爱情使所有的人变成雄辩家，这话说得绝对正确。

——罗格林

爱情是发生在两个人之间的一种共同的经验。

——卡森·麦卡勒斯

爱情是两个亲密的灵魂在生活及忠实，善良，美丽事物方面的和谐与默契。

——别林斯基

爱情是叹息吹起的一阵烟，爱人的眼中有它净化了的火星，恋人的眼泪是它激起的波涛。它又是最智慧的疯狂，哽喉的苦味，沁舌的蜜糖。

——莎士比亚

爱情是一位伟大的导师，它教我们重新做人。

——莫里哀

爱情是自由自在的，而自由自在的爱情是最真切的。

——丁尼生

爱情有如佛家的禅不可说，不可说，一说就是错。

——三毛

爱情是理解和体贴的别名。

——泰戈尔

爱情有一千个动人心弦而又各不相同的音符。

——乔治·克雷布

爱情只在深刻的、神秘的直观世界中才能产生，才能存在。生儿育女不是爱情本身的事。

——索洛维约夫

爱情中的甜浆可以抵消大量的苦液，这就是对爱情的总的褒誉。

——济慈

爱容易轻信。

——奥维德

爱神能征服一切，我们还是向爱神屈服吧。

——维吉尔

爱神奏出无声旋律，远比乐器奏出的悦耳动听。

——托马斯·布朗

我以为爱情可以填满人生的遗憾。然而，制造更多遗憾的却偏偏是爱情。

——张爱玲

爱情是一种永久的信仰。

——罗曼·罗兰

真正的爱情始终使人向上。

——小仲马

人生是花，而爱便是花的蜜。

——雨果

爱，就是坚信不渝。

——雨果

真的爱情是永不凋谢的。

——雨果

壮志和爱情是伟大行为的双翼。

——歌德

你问我爱是什么？爱就是笼罩在晨雾中的一颗星。

——海涅

关于爱，我们可以说，越纯洁，越含蓄。

——哈代

结婚的幸福是来自夫妻间的心有灵犀一点通。

——巴尔扎克

过度的爱情追求，必然会降低人本身的价值。

——弗朗西斯·培根

我宁肯为我所爱的人的幸福而千百次地牺牲自己的幸福。

——卢梭

爱情和火焰一样，没有不断的运动就不能继续存在，一旦它停止希望和害怕，它的生命也就停止了。

——拉罗什富科

两情若是久长时，又岂在朝朝暮暮。

——秦观

当人们厌倦爱时，他们很容易忍受别人的不忠，以解除自己忠诚的义务。

——拉罗什富科

当我们爱得太厉害的时候，确认别人是否停止了爱是不容易的。

——拉罗什富科

爱情不可能长期地隐藏，也不可能长期地假装。

——拉罗什富科

这世界要是没有爱情，它在我们心中还会有什么意义！这就如一盏没有亮光的走马灯。

——歌德

爱情应当使人的力量的感觉更丰富起来，并且爱情的确正在使人丰富起来。

——马卡连柯

忠诚的爱情充溢在我的心里，我无法估计自己享有的财富。

——莎士比亚

我们之所以爱一个人，是由于我们认为那个人具有我们所尊重的品质。

——卢梭

要和一个男人相处得愉快，你应该多多了解他而不必太爱他；要和一个女人相处得快乐，你应该多爱她，却别想要了解她。

——莎士比亚

32

幸福

幸福对人的心灵来说是比不幸更严峻的考验。人虽然能忍受不幸，但却会被幸福所腐蚀。

——塔西佗

只要我们还能丧失某些幸福，就说明我们还拥有一些幸福。

——塔金顿

在任何不幸中都隐藏着幸福，我们只是不知道哪儿有好事，哪儿有坏事。

——格奥尔吉乌

要想自己成为幸福的人，就应当对别人关怀备至，体贴入微，赤诚相见。

——苏霍姆林斯基

人人都追求幸福。所谓幸福，就是顺从宇宙以及遵守作为人类指导原理的理性生活。

——芝诺

只有向自己提出伟大的目标并以自己的全部力量为之而奋斗的人，才是幸福的人。

——加里宁

为了要活得幸福，我们应当相信幸福的可能。

——列夫·托尔斯泰

有研究兴趣和趣味的人是幸福的！能够通过研究，使自己的精神摆脱妄念并使自己摆脱虚荣心的人更加幸福。

——拉美特利

凡是创造自己幸福的人，应该做全体工人和农民的幸福匠人和创造者。当他成为一切人幸福的匠人时，他就会成为自身的幸福的匠人了。

——加里宁

任何人都是自己幸福的工匠。

——梭罗

良好的健康状况和由之而来的愉快情绪，是幸福的最好资金。

——斯宾塞

才智无疑是幸福的首要条件。

——索福克勒斯

因为有黑暗，所以有光明。而且，从黑暗里走出来的人，真正懂得光明的可贵。社会上不只充满了幸福，因为有不幸，所以才会有幸福。

——小林多喜二

你想成为幸福的人吗？但愿你首先学会吃得起苦。

——屠格涅夫

愚昧从来没有给人带来幸福，幸福的根源在于知识。

——左拉

全部依靠自己，自身拥有一切的人，不可能不幸福。

——西塞罗

获得幸福的秘诀，并不在于为了追求快乐而全力以赴，而是在全力以赴之中寻出快乐。

——纪德

一般而论，各个不相同的不幸造就幸福。因此，越是一次次不幸的频繁发生，就越是好事一桩。

——伏尔泰

我们是青年团，不是畸人，也不是愚人，应当给自己把幸福争过来。

——屠格涅夫

我有一切应该幸福的条件，而且不管我的精神如何苦恼，我想我应该一直是幸福的，只要我始终能把内心洋溢的欣悦传达给别人。

——罗曼·罗兰

我们要避免我们的义务与我们的利益发生冲突，避免从别人的灾难中企望自己的幸福。

——卢梭

幸福不表现为造成别人的哪怕是极小的一点痛苦，而表现为直接促成别人的快乐和幸福。照我看来，它在这一方面可以最为简明地表达为：幸福在于勿恶、宽恕和热爱他人。

——列夫·托尔斯泰

幸福的斗争不论是如何的艰难，它并不是一种痛苦而是快乐，不是悲剧而只是喜剧。

——车尔尼雪夫斯基

谁是最幸福的人？乃是能感到他人的功绩、视他人之乐如自己之乐的人。

——歌德

感到自己是人们所需要的和亲近的人，这是生活最大的享受、最高的喜悦。这是真理，不要忘记这个真理，它会给你们无限的幸福。

——高尔基

幸福就是至善。

——亚里士多德

应该多行善事，为了做一个幸福的人。

——列夫·托尔斯泰

幸福不可能十全十美。

——贺拉斯

书籍使我变成了一个幸福的人，使我的生活变成轻快而舒适的诗，好像新生活的钟声在我的生活鸣响了。

——高尔基

人类幸福的两大敌人是痛苦和无聊。

——叔本华

我学到了寻求幸福的方法：限制自己的欲望，而不是设法满足他们。

——弥尔顿

与其先享福后受苦，不如先受苦后享福。

——萨迪

能把自己生命的终点和起点联结起来的人，是最幸福的人。

——歌德

幸福有它的两重性：一方面在于福至心灵，时来运至……另一方面，也是最实际的方面，就是知足常乐地安度日常生活，这也就是说，头脑清醒，不干蠢事。

——冯塔纳

幸福只会给予不怕劳动的人，多年忘我劳动的人。

——苏霍姆林斯基

在富有、权力、荣誉和独占的爱当中去探求幸福，不但不会得到幸福，而且还一定会失去幸福。

——列夫·托尔斯泰

在每个国家，知识都是公共幸福的最可靠的基础。

——华盛顿

对人来说，不幸要比幸福多两倍。

——荷马

人类最大的幸福就在于每天能谈谈道德方面的事情。无灵魂的生活就失去了人的生活价值。

——苏格拉底

承担不幸是困难的，但要负担幸福更是难上难。

——荷尔德林

幸福是多方面的。我也是很幸福的，创作产生了无比惊人的快乐，而且我感觉出自我的手也在为我们大家共同建造的美丽楼房砌着砖块，这样，我个人的悲痛便被排除了。

——奥斯特洛夫斯基

幸福在事物的吟味里，而不在事物的本身。你能得到幸福，是因为你有了自己所喜欢的东西，而不是你有了别人认为好的东西。

——拉劳士福古

人类一切努力的目的在于获得幸福。

——欧文

人类之所以感到幸福，并不是身体健康，也不是财产富足；幸福的感受是由于心多诚直，智慧丰硕。

——德谟克利特

最大的幸福在于我们的缺点得到纠正，我们的错误得到补救。

——歌德

所谓幸福的人，是只记得自己一生中满足之处的人；而所谓不幸的人只记得与此相反的内容。

——荻原朔太郎

有愿望才会幸福。

——席勒

幸福在于自主自足之中。

——亚里士多德

幸福的生活是一种由爱鼓舞，由知识指导的生活。

——罗素

对人来说，除了幸福还经常需要和幸福等量的不幸。

——陀思妥耶夫斯基

被人爱和爱别人是同样的幸福，而且一旦得到它，就够受用一辈子。

——列夫·托尔斯泰

幸福是灵魂的一种香味，是一颗歌唱的心的和声，而灵魂的最美的音乐是慈悲。

——罗曼·罗兰

幸福属于满足的人们。

——亚里士多德

幸福和欢乐中常常交混着不幸和悲哀。

——柯罗连科

人们都追求幸福，但只有和平是这个地球上最接近幸福的捷径，并且是谁都能得到手的。

——希尔泰

幸福存在于一个人真正的工作中。

——奥理略

幸福存在于生活之中，而生活存在于劳动之中。

——列夫·托尔斯泰

幸福来临时，人们往往不去注意。一旦我们有意去追求，幸福就会像高飞的大雁，永远追不到。

——霍桑

学会学习的人，是非常幸福的人。

——米南德

如果我们不能建造幸福的生活，我们就没有任何权利享受幸福，这正和没有创造财富无权享受财富一样。

——萧伯纳

人之所以不幸，是因为他不知道自己是幸福的，仅此而已。

——陀思妥耶夫斯基

如果有一天，我能够对我们的公共利益有所贡献，我就会认为自己是世界上最幸福的人了。

——果戈里

33

理性

别的动物也都具有智力、热情，理性只有人类才有。

——毕达哥拉斯

人，实则一切有理性者。所以存在是由于自身是个目的，并不是只供这个或那个意志利用的工具。

——康德

棍子打人骨头疼，理性拿人心尖疼。

——中国民间谚语

信念是有益的，但它不具有真理性。

——桑塔亚那

理性和判断力是作为一个领导者的基本素质。

——塔西佗

理性为感情所掌握，如同一个软弱的人落在泼辣的妇人手中。

——萨迪

你们的理性与热情，是你航行的灵魂的舵和帆。

——纪伯伦

你的心灵常常是战场。在这个战场上，你的理性与判断和你的热情

与嗜欲开战。

——纪伯伦

无理性不一定不理智。

——刘易斯

哲学是理性和科学的朋友，而神学是理性的敌人和无知的庇护者。

——狄德罗

良心尽管它不依存于理性，但没有理性就不能得到发展。

——卢梭

理性和真理是人所共具的，属于那先说出来的人并不多于那引用的人。也不是根据柏拉图多于根据我自己，既然他和我一样看见和了解它。蜜蜂到处掠取各种花朵，但后来酿成蜜糖，便完全是他们自己的了；已经不再是百里香或仙唇花了。同样，人们属于他自己的作品。他的教育、工作和研究没有别的目的，只是要培养他的这种消化能力。

——米歇尔·德·蒙田

偏见缠住了人的性格，就无法克服，因为它们成了人本身的一部分，无论证据，常识还是理性都拿偏见毫无办法。

——歌德

一切利己的生活，都是非理性的、动物的生活。

——列夫·托尔斯泰

理性是罗盘，欲望是暴风雨。

——卡尔·波普尔

美满姻缘是生活中甜蜜的联合，充满坚贞、忠诚，以及难以计数的有益和牢靠的帮助及相互间的义务。

——米歇尔·德·蒙田

一切有理性的动物，都会无聊。

——普希金

理性常常成为罪的奴隶而为它辩解。

——列夫·托尔斯泰

知性上的本能与理性是格格不入的。

——列夫·托尔斯泰

产生自尊心的是理性，而加强自尊心的则是思考。

——卢梭

无愧于有理性的人的生活，必须永远在进取中度过。

——塞缪尔·约翰逊

秩序就是正确的规律和事物永久的合理性。

——菲尔丁

许多从未听说过“理性”这个词的人，却依然按照理性生活。

——德谟克利特

真正优秀的悲剧应该在人类的灵魂舞台上上演，让人的理性做唯一的观众。

——纪伯伦

照耀人的唯一的灯是理性，引导生命于迷途的唯一手杖是良心。

——海涅

若要把感性的人变成理性的人，唯一的路径是先使他成为审美的人。

——席勒

理智对欲望盲从的可怜人和对理性倾耳的认真的人，同样正确。

——福楼拜

如果意志要想具有法的权能，它就必须在理性发号施令时受理性的节制。

——阿奎那

怠慢则不能不开精，险躁则不能理性。

——诸葛亮

人人都追求幸福。所谓幸福，就是顺从宇宙以及遵守作为人类指导原理的理性生活。

——芝诺

财富掌握在意志薄弱、缺乏自制、缺乏理性的人手中，就可能会成为一种诱惑和一个陷阱。

——塞缪尔·斯迈尔斯

只有人们的社会实践，才是人们对于外界认识的真理性的标准。真理的标准只能是社会实践。我们所有的知识都开始于感性，然后进入到知性，最后以理性告终。没有比理性更高的东西了。

——康德

有的人一点也不理解他们应当做的事情，而只理解他们已经做了的事情，仿佛理性的眼睛长在背后，只能看后面的东西似的。

——菲尔丁

我服从理性，有必要时，我可以为它牺牲我的友谊、我的憎恶，以及我的生命。

——罗曼·罗兰

人不仅是理性的、社会的动物，还是生产的动物。人能够运用理性和想象力，去改变眼前的物质，不仅能够生产，而且必须生产以维持生命。

——弗洛姆

如果迫使人进入社会的是需要，在人心里培植社会原则的是理性，赋予人以社会性格的却只有美。只有审美的趣味才能导致社会的和谐，因为它在个体身上奠定和谐。

——席勒

只有理性才能教导我们认识善恶，使我们喜善恨恶。良心尽管不依存于理性，但没有理性，良心就不能得到发展。

——卢梭

生气的时候，开口前先数到十，如果非常愤怒，先数到一百。

——杰弗逊

34 劳动

只有通过劳动，思想才能变得健全；只有通过思想，劳动才能变得愉快，两者是不能分割的。

——罗斯金

只有在新的社会条件下劳动才能从繁重的负担转变成轻松而愉快的生理要求的满足。

——车尔尼雪夫斯基

正是劳动本身构成了你追求的幸福的主要因素，任何不是靠辛勤努力而获得的享受，很快就会变得枯燥无聊，索然无味。

——休谟

真理是认识事物的工具，是人们前进和上升的道路上的阶梯，真理都是从人类的劳动中产生的。

——高尔基

一个农夫、一个水匠、一个兵士，是同一群众的一模一样的碎片、同一圆圈的部分、把子不同的同一工具。——劳动在他们就像一个谜，找谜底一直找到咽气那一天。他们一辈子干伤心的额外罚工，报酬常常是弄到一条小板凳，坐在一间草屋门口。

——巴尔扎克

一年劳动在于收，谷不到家不算收。

——中国民间谚语

我们世界上最美好的东西，都是由劳动、由人的聪明的手创造出来的。

——高尔基

在学生的脑力劳动中，摆在第一位的并不是背书，不是记住别人的思想，而是让学生本人进行思考，也就是说，进行生动的创造，借助词去认识周围世界的事物和现象，并且与此联系地认识词本身的极其细腻的感情色彩。

——苏霍姆林斯基

一个懒惰心理的危险，比懒惰的手足，不知道要超过多少倍。而且医治懒惰的心理，比医治懒惰的手足还要难。因为我们做一件不愿意、不高兴的工作，身体的各部分，都感到不安和无聊。反过来说，如果对于这种工作有兴趣、愉快，工作效率不但高，身心也感觉到十分舒适。因不适宜的劳动，使身心忧郁而患成的病症，医生称为懒惰病。

——戴尔·卡耐基

我毕生都热爱脑力劳动和体力劳动，也许甚至说，我更热爱体力劳动。当在体力劳动内加入任何优异的悟性，即手脑相结合在一起的时候，我就更特别感觉满意了。

——巴甫洛夫

世间没有一种具有真正价值的东西，可以不经过艰苦辛勤的劳动而能够得到的。

——爱迪生

天才不能使人不必工作，不能代替劳动。要发展天才，必须长时间地学习和高度紧张地工作。人越有天才，他面临的任务也就越复杂、越重要。

——阿列克谢·斯米尔诺夫

脱离劳动就是犯罪。

——列夫·托尔斯泰

虚荣之于我们不啻是劳动的激素，休息的油膏；它紧紧依附在生命之泉上。

——拉斯金

如果儿童让自己任意地不论去做什么而不去劳动，他们就既学不会文学，也学不会音乐，也学不会体育，也学不会那保证道德达到最高峰的礼仪。

——德谟克利特

如果你能成功地选择劳动，并把自己的全部精神灌注到它里面去，那么幸福本身就会找到你。

——乌申斯基

人们在自觉的、有目的的生产劳动与社会活动的基础上，也逐渐获得了从事自觉的、有目的的审美的活动，即从事审美创造与发展的能力。

——波斯彼洛夫

医治一切病痛最好的最宝贵的药品，就是劳动。

——奥斯特洛夫斯基

有两种人是在白白地劳动和无谓地努力：一种是积累了财富而不去使用的人，另一种是学会了科学而不去应用的人。

——萨迪

没有顽强的细心的劳动，即使是有才华的人也会变成绣花枕头似的无用的玩物。

——斯坦尼斯拉夫斯基

培养青年要尊重劳动者和劳动人民的感情。

——加里宁

没有自我教育就没有真正的教育。这样一个信念在我们的教师集体的创造性劳动中起着重大的作用。

——苏霍姆林斯基

美德在劳动中产生。

——欧里庇得斯

科学绝不能不劳而获，除了汗流满面而外，没有其他获得的方法。热情幻想以整个身心去渴望，都不能代替劳动，世界上没有一种“轻易的科学”。

——赫尔岑

懒惰——它是一种对待劳动态度的特殊作风。它以难以卷入工作而易于离开工作为其特点。

——克鲁普斯卡娅

劳动征服一切。

——维吉尔

劳动最大的益处还在于道德和精神上的发展。这种精神发展是由和谐的劳动产生的，它应当构成无产阶级社会公民区别于资产阶级社会公民的那种人的特质。

——马卡连柯

良好的健康状况和高度的身体训练，是有效的脑力劳动的重要条件。

——克鲁普斯卡娅

埋没在底层的人才真正值得敬重，他一辈子辛勤，一辈子奔忙，不求声誉和光荣，只有一种思想给他鼓动，为公众利益而劳动。

——克雷洛夫

没有任何权宜之计可以让人逃避真正的劳动——思考。

——爱迪生

平时不劳动的人，一生没有节日过。

——涅克拉索夫

科学的进步取决于科学家的劳动和他们的发明的价值。

——巴斯德

人，不管是什么职业，应当从事劳动，汗流满面地工作，他生活的意义和目的、他的幸福、他的欢乐就在于此。

——契诃夫

人的天赋就像火花，它既可以熄灭，也可以燃烧起来。而迫使它燃烧成熊熊大火的方法只有一个，就是劳动，再劳动。

——高尔基

科学不是可以不劳而获的，诚然，在科学上除了汗流满面是没有其他获致的方法的；热情也罢，幻想也罢，以整个身心去渴望也罢，都不能代替劳动。

——赫尔岑

一个专心致志思索的人并不是在虚度光阴。虽然有些劳动是有形的，但也有一种劳动是无形的。

——雨果

要活下去总得有点儿可以寄托的东西。住在乡下只是内在劳动，而精神却在睡觉。

——契诃夫

愚蠢的人，幸福是钱和官，聪明的人，幸福是劳动和贡献。

——中国民间谚语

在重视劳动和尊重劳动者的基础上，我们有可能来创造自己的新的道德。劳动和科学是世界上最伟大的两种力量。

——高尔基

既然思想存在于劳动之中，人就要靠劳动而生存。

——苏霍姆林斯基

幻想是丝毫没有害处的，它甚至能支持和加强劳动者的毅力。

——皮萨列夫

好事总是需要时间，不付出大量的心血和劳动是做不成大事的。想吃核桃，就得首先咬开坚硬的果壳。

——格里美尔斯豪森

文化越高，劳动越受重视。

——罗雪尔

管理的第一目标是使较高工资与较低的劳动成本结合起来。

——弗雷德里克·温斯洛·泰勒

对于富有才华和热爱劳动的人来说，不存在任何障碍。

——贝多芬

当一个人在深思的时候，他并不是在闲着。有看得见的劳动，也有看不见的劳动。

——雨果

当劳动是种快乐时，生活是美的；当劳动是一种责任时，生活就是奴役。

——高尔基

从悬崖上能采到奇花异草，从劳动中能学到精湛的手艺。

——中国民间谚语

谁劳动，谁就是主人。

——高尔基

持续不断的劳动，是人生的铁律，也是艺术的铁律。

——巴尔扎克

沉思就是劳动，思考就是行动。

——雨果

不停留在已得的成绩上，而是英勇地劳动着，努力要把劳动的锦标长久握在自己手里。

——奥斯特洛夫斯基

不劳动者无法从中获得裨益。

——贺拉斯

爱劳动是共产主义道德主要成分之一。但只有在工人阶级获得胜利以后，人类生活不可缺少的条件——劳动，才不会是沉重而可耻的负担，而成为荣誉和英勇的事业。

——加里宁

整个人生就是思想与劳动，劳动虽然是无闻的、平凡的，却是不能间断的。

——冈察洛夫

35

理想

在理想的最美好世界中，一切都是为最美好的目的而设。

——伏尔泰

有些理想曾为我们引过道路，并不断给我们新的勇气以欣然面对人生，那些理想就是真、善、美。

——爱因斯坦

要想射中靶，必须瞄准比靶略高一些，因为脱弦之箭都受到地心引力的影响。

——朗弗罗

我相信我们应该在一种理想主义中去找精神上的力量，这种理想主义要能够不使我们骄傲，而又能够使我们把我们的希望和梦想放得很高。

——居里夫人

向他的头脑中灌输真理，只是为了保证他不在心中装填谬误。

——卢梭

我们探求真理，在一切事件中，获得真理是最高的快慰。

——桑塔亚那

理想是人生的太阳。

——德莱塞

人的活动如果没有理想的鼓舞，就会变得空虚而渺小。

——车尔尼雪夫斯基

人的理想志向往往和他的能力成正比。

——塞缪尔·约翰逊

理想犹如天上的星星，我们犹如水手，虽不能到达天上，但是我们的航程可凭它指引。

——舒尔茨

理想是指路明灯。没有理想，就没有坚定的方向；没有方向，就没有生活。

——列夫·托尔斯泰

一个人的理想越崇高，生活越纯洁。

——伏尼契

没有比人生更难的艺术，因为其他的艺术和学问，到处都可以找到很理想的老师。

——塞涅卡

一个人如果认为自己在一生中能干出一番不同寻常的大事，就比没有远大理想的可怜虫有着更多的成功机会。

——伯纳德·马拉默德

呵，青年人，理想多么崇高，立志追求真理，无论是生还是死，呵！莫回首，莫泄气。

——罗伯特·布里吉斯

人类的心灵需要理想甚于需要物质。

——雨果

一个人要开化一个最闭塞的地方，有了钱还不行，他还得有知识；而且如果没有坚定的意志，把个人的利益丢掉，献身于一种社会的理想，那也是白费。

——巴尔扎克

我从来不把安逸和快乐看作是生活目的的本身——这种伦理基础，我叫它猪栏的理想。

——爱因斯坦

无论哪个时代，青年的特点总是怀抱着各种理想和幻想。这并不是什么毛病，而是一种宝贵的品质。

——加里宁

知识欲的目的是真，道德欲的目的是善，美欲的目的是美。真善美，即人间理想。

——黑田鹏信

每个人都必须按自己心灵的良心来生活，但不是按任何理想。使良心屈从于信条，或理念，或传统，甚至是内在冲动，那是我们的堕落。

——劳伦斯

就是在我们母亲的膝上，我们获得了我们的最高尚、最真诚和最远大的理想，但是里面很少有金钱。

——马克·吐温

一种理想，就是一种力。

——罗曼·罗兰

追求理想是一个人进行自我教育的最初的动力，而没有自我教育就不能想象会有完美的精神生活。我认为教会学生自己教育自己，这是一种最高级的技巧和艺术。

——苏霍姆林斯基

理想与现实之间，动机与行为之间，总有一道阴影。

——艾略特

青年人啊，热爱理想吧，崇尚理想吧！理想是上帝的语言，高于一切国家和全人类，是精神的王国，是灵魂的故乡。

——马志尼

理想的社会状态不是财富均分，而是每个人按其贡献的大小，从社会的总财富中提取它应得的报酬。

——亨利·乔治

真正美丽的东西必须一方面跟自然一致，另一方面跟理想一致。

——席勒

即使在最聪明的人身上，本能也一定先于智慧。对于人来说，本能有时也许是更为理想的向导。

——李洛

生命全部的意义在于无穷地探索尚未知道的东西。

——左拉

无论何时，只要可能，你都应该“模仿”你自己，成为你自己。

——莫尔兹

人活着总是有趣的，即便是烦恼也是有趣的。

——亨利·门肯

实现明天理想的唯一障碍是今天的疑虑。

——罗斯福

理想的人是品德、健康、才能三位一体的人。

——木村久一

毫无理想而又优柔寡断是一种可悲的心理。

——弗朗西斯·培根

理想的实现只靠干，不靠空谈。

——德谟克利特

一个人的活动，如果不是被高尚的思想所鼓舞，那它是无益的、渺小的。

——车尔尼雪夫斯基

没有理想，就达不到目的；没有勇敢，就得不到东西。

——别林斯基

任何黑暗要比光明更容易使人产生崇高的理想。

——伯克

世界上的一切伟大运动都与某种伟大理想有关。

——泰戈尔

伟大的理想唯有经过忘我的斗争和牺牲才能实现。

——乔万尼奥里

从我们的理想中，我们无意间暴露了自己的缺陷。

——让·罗斯唐

最理想的境地不可达，人往往不知退而求其次。

——莎士比亚

人们对自己的工作没有理想，这种情况是很可怕的。

——刘易斯

理想无非就是逻辑的最高峰，同样美就是真的顶端。

——雨果

理想的实质寓于所谓“普通的”“平凡的”人身上。

——苏霍姆林斯基

理想会有反复，信仰坚定不移；事实一去就不复返。

——歌德

如果不献身给一个伟大的理想，生命就是毫无意义的。

——何塞·黎刹

劳动受人推崇，为社会服务是很受人赞赏的道德理想。

——杜威

世间有理想的人应当先想到事情的终局，随后着手去做。

——伊索

无论是人类还是民族，如果没有崇高的理想，就不能生存。

——陀思妥耶夫斯基

闪射理想之光吧，心灵之星！把光流注入，未来的暮霭之中。

——泰戈尔

比自己生命更为可贵的是理想，理想能使人勇敢而无所畏惧。

——苏霍姆林斯基

在这一人航行的人生浩瀚大海中，理想是罗盘针，热情是疾风。

——戴尔·卡耐基

理想是世界的主宰。

——霍桑

36

目标

人只有献身社会，才能找出那实际上是短暂而有风险的生命的意义。

——爱因斯坦

为时代的伟大的目标服务，才是不朽的。

——苏联民间谚语

无论如何努力，若不能达成使人改变的目标，就说不上是在培养人才。

——畠山芳雄

没有一定的目标，智慧就会丧失；哪儿都是目标，哪儿就都没有目标。

——米歇尔·德·蒙田

如果你想要快乐，设定一个目标，这个目标要能指挥你的思想，释放你的能量，激发你的希望。

——戴尔·卡耐基

人生如同故事。重要的并不在有多长，而在有多好。

——塞涅卡

无目标的努力有如在黑暗中远征。

——英国民间谚语

一个人抱着什么目的去游历，他在游历中，就只知道获取同他的目的有关的知识。

——卢梭

有人活着却没有目标，他们在世间行走，就如同河中的一棵小草随波逐流。

——塞涅卡

我们的生活就像旅行，思想是导游者，没有导游者，一切都会停止。目标会丧失，力量也会化为乌有。

——歌德

灵魂如果没有确定的目标，它就会丧失自己，因为俗语说得好，到处在等于无处在，四处为家的人无处为家。

——贺拉斯

所有成功人士都有目标。如果一个人不知道他想去哪里，不知道他想成为什么样的人、想做什么样的事，他就不会成功。

——诺曼·文森特·皮尔

相信就是强大，怀疑只会抑制能力，而信仰却是力量。

——弗雷德里克·约翰·罗宾逊

我们的目标和道路，不是享乐，也不是受苦；而是行动，在每个明天，都要比今天前进一步。

——朗弗罗

一个没有理想与目标的人，在思想上往往偏于保守；在行动上，常常想维持现状。

——土光敏夫

要想做一个真正的英雄是没有选择余地的，往往是要么成功，要么成仁。

——希契科克

谁为时代的伟大目标服务，并把自己的一生献给了人类兄弟而进行的斗争，谁才是不朽的。

——涅克拉索夫

一个从不怀疑生活方向和目标的人，绝对不会绝望。

——莫里亚克

等到自私的幸福变成了人生唯一的目标之后，不久人生就变得没有目标。

——罗曼·罗兰

生命里最重要的事情是要有个远大的目标，并借助才能与坚持来完成它。

——歌德

信念，你拿它没办法，但是没有它，你什么也做不成。

——塞缪尔·巴特勒

每一点滴的进展都是缓慢而艰巨的，一个人一次只能着手解决一项有限的目标。

——贝弗里奇

去做你害怕的事，害怕自然就会消失。

——拉尔夫·沃尔多·爱默生

一个崇高的目标，只要不渝地追求，就会成为壮举。

——华兹华斯

瞄准天空的人总比瞄准树梢的人要射得高。

——欧洲民间谚语

伟大的目标构成伟大的心灵。

——英国民间谚语

将无法实现之事付诸实践正是非凡毅力的真正的标志。

——茨威格

朝着一定目标走去是“志”，一鼓作气中途绝不停止是“气”，两者合起来就是志气。一切事业的成败都取决于此。

——戴尔·卡耐基

不管努力的目标是什么，不管他干什么，他单枪匹马总是没有力量的。合群永远是一切善良思想的人的最高需要。

——歌德

生活的意义在于美好，在于向往目标的力量，应当使征途的每一瞬间都具有崇高的目的。

——高尔基

生命是一支箭。因此，你必须知道瞄准什么目标和如何运弓，然后把弓弦拉足，让箭飞射出去！

——范戴克

如果一个人不知道他要驶向哪个码头，那么任何风都不会是顺风。

——塞涅卡

有理想、充满社会利益的、具有明确目的的生活是世界上最美好和最有意义的生活。

——加里宁

走得最慢的人，只要他不丧失目标，也比漫无目的地徘徊的人走得快。

——莱辛

凡是以追求自己的幸福为目标的人，是坏的；凡是以博得别人的好评为目标的人，是脆弱的；凡是以使他人幸福为目标的人，是有德行的。

——列夫·托尔斯泰

37

努力

科学家的天职叫我们应当继续奋斗，彻底揭露自然界的奥秘，掌握这些奥秘便能在将来造福人类。

——居里夫人

哗啦哗啦把自己的事业讲给大家听的人，他的价值一定是微不足道的。切实苦干的人往往不是高谈阔论的，他们惊天动地的事业显示了他们的伟大，可是在筹划重大事业的时候，他们是默不作声的。

——黑格尔

一个人应当一次只想一件东西，并持之以恒，这样便有希望得到它。但是我却什么都想，结果是什么也抓不着。每次我都发现，当一个所追求的东西唾手可得时，我正在追求别的东西，太晚了。

——安德鲁·加菲尔德

追上未来，抓住它的本质，把未来转变为现在。

——车尔尼雪夫斯基

只有经过长时间完成其发展的艰苦工作，并长期埋头沉浸于其中的任务，方可望有所成就。

——黑格尔

坚强的信心，能使平凡的人做出惊人的事业。

——马尔顿·索克斯

一个不注意小事情的人，永远不会成就大事业。

——戴尔·卡耐基

我不如起个磨刀石的作用，能使钢刀锋利，虽然它自己切不动什么。

——贺拉斯

由于对事业的热爱而发展起来的，简直可以说天才，就其本质来论，只不过是对事业、对工作过程的热爱而已。

——高尔基

一切真正伟大的人物（无论是古人、今人，只要是其英名永铭于人类记忆中的），没有一个是因爱情而发狂的人：因为伟大的事业抑制了这种软弱的感情。

——弗朗西斯·培根

努力想得到什么东西，其实只要沉着镇静、实事求是，就可以轻易地、神不知鬼不觉地达到目的。而如果过于使劲，闹得太凶、太幼稚、太没有经验，就哭啊、抓啊、拉啊，像一个小孩扯桌布，结果却是一无所获，只不过把桌上的好东西都扯到地上，永远也得不到了。努力不是使蛮力，而是细水长流。

——弗兰兹·卡夫卡

也许你感觉自己的努力总是徒劳无功，但不必怀疑，你每天都离顶点更进一步。今天的你离顶点还遥遥无期，但你通过今天的努力，积蓄了明天勇攀高峰的力量。

——尼采

我们必须有恒心，尤其要有自信！我们必须相信我们的天赋是要用来做某种事情的，无论代价多么大，这种事情必须做到。

——居里夫人

38

诚信

人类最不道德的是不诚实与懦弱。

——高尔基

人如果失去了诚实，也就失去了一切。

——黎里

如果要别人诚信，首先要自己要诚信。

——莎士比亚

与人以实，虽疏必密；与人以虚，虽戚必疏。

——韩婴

守信用胜过有名气。

——罗斯福

人若能摒弃虚伪，则会获得极大的心灵平静。

——马克·吐温

实话可能令人伤心，但胜过谎言。

——瓦·阿扎耶夫

失足，你可以马上恢复站立；失信，你也许永难挽回。

——本杰明·富兰克林

失掉信用的人，在这个世界上已经死了。

——哈伯特

坦白是诚实和勇敢的产物。

——马克·吐温

推人以诚，则不言而信矣。

——王通

小信诚则大信立。

——韩非子

信用既是无形的力量，也是无形的财富。

——松下幸之助

虚伪的真诚，比魔鬼更可怕。

——泰戈尔

一个人严守诺言，比守卫他的财产更重要。

——莫里哀

真诚是一种心灵的开放。

——拉罗什富科

女人的诚实出自她对名声的珍惜和对内心宁静的渴求。

——拉罗什富科

诚者，天之道也；思诚者，人之道也。

——孟子

当信用消失的时候，肉体就没有生命。

——大仲马

良心是我们每个人心头的岗哨，它在那里值勤站岗，监视着我们别做出违法的事情来。

——毛姆

对自己真实，才不会对别人欺诈。

——莎士比亚

诚实比一切智谋更好，而且它是智谋的基本条件。

——康德

人无忠信，不可立于世。

——程颐

不信不立，不诚不行。

——晁说之

失去了信用的人，就再没有什么可以失去的了。

——绪儒斯

走正直诚实的生活道路，必定会有一个问心无愧的归宿。

——高尔基

39 习惯

我们每个人或多或少都是习惯的奴隶。

——高汀

习惯不加以抑制，不久它就会变成你生活上的必需品了。

——奥古斯汀

习惯的力量是巨大的。

——西塞罗

习惯没有法律那样明智，可它们往往更盛行。

——迪斯雷利

习惯真是一种顽强而巨大的力量，它可以主宰人的一生，因此，人从幼年起就应该通过教育培养一种良好的习惯。

——弗朗西斯·培根

习惯之链的力量很弱，因而往往感觉不到，但一当感觉到了，它已是牢不可摧的了。

——塞缪尔·约翰逊

习惯支配着那些不善于思考的人们，好习惯可以保证他们不成为坏人。

——华兹华斯

心若改变，你的态度跟着改变；态度改变，你的习惯跟着改变；习惯改变，你的性格跟着改变；性格改变，你的人生跟着改变。

——马斯洛

许多富有创见的人并没有想到这一点，他们被习惯思维引入歧途。

——济慈

一个钉子挤掉另一个钉子，习惯要由习惯来取代。

——伊拉斯谟

有什么样的思想，就有什么样的行为；有什么样的行为，就有什么样的习惯；有什么样的习惯，就有什么样的性格；有什么样的性格，就有什么样的命运。

——查·艾霍尔

总以某种固定方式行事，人便能养成习惯。

——亚里士多德

思想引导行为，行为养成习惯；习惯造就性格，性格决定命运。

——凯恩斯

播种一个行动，你会收获一个习惯；播种一个习惯，你会收获一个个性；播种一个个性，你会收获一个命运。

——普德曼

大事使我们惊讶，小事使我们沮丧，久而久之，我们对这二者都会习以为常。

——拉布吕耶尔

当你开始依照习惯行事，你的进取精神就会因此而丧失。

——乌纳穆诺

习惯就是一切，甚至在爱情中也是如此。

——沃维纳格

孩子成功教育从好习惯培养开始。

——巴金

做一件好事并不难，难的是养成一种做好事的习惯。

——亚里士多德

根深蒂固的恶习绝非一朝一夕就能养成的。

——尤维纳利斯

习惯实际上已成为天性的一部分。

——亚里士多德

是否真有幸福并非取决于天性，而是取决于人的习惯。

——爱比克泰德

从好习惯逃脱易于从坏习惯逃脱，这正是人生的一大悲哀。

——毛姆

好习惯是人在神经系统中存放的资本，这个资本会不断地增长，一个人毕生就可以享用它的利息；而坏习惯是道德上无法偿清的债务，这种债务能以不断增长的利息折磨人，使他最好的创举失败，并把他引到道德破产的地步。

——乌申斯基

好习惯是一个人在社交场中所能穿着的最佳服饰。

——苏格拉底

美德大多存在于良好的习惯中。

——佩利

由智慧养成的习惯，能成为第二天性。

——弗朗西斯·培根

认为一个曾以某种方式完成某种行为的人不会再做出相同的举动，这在任何情况下都是一种误解。只要干过，就一定会再干，实际上他早已干过了。

——切萨雷·帕韦泽

人应该支配习惯，而绝不能让习惯支配自己。

——奥斯特洛夫斯基

儿童不是用规则可以教得好的，规则总是会被他们忘掉的。但是习惯一旦培养成功之后，便用不着借助记忆，很容易地、自然地就能发生作用了。

——约翰·洛克

习惯就是信念转变为习性和思想转变为行动的过程。

——乌申斯基

习惯正如在树皮上刻字，随着树木的成长，文字也会扩大。

——塞缪尔·斯迈尔斯

习惯是一根大粗绳，我们每天都在捻着它，就是无法破坏它。

——贺拉斯

谁如果养成一种坏习惯，除非到死，否则永远难以摆脱。

——萨迪

风俗习惯像透镜一样，没有它们，社会理论家什么也看不出来。

——本尼迪克特

恶习变成人们的笑柄，是对恶习的致命打击。

——莫里哀

习惯使社会阶层自行分开，不相混杂。

——威廉·詹姆斯

少成若天性，习惯如自然。

——孔子

起初我们养成习惯，后来习惯造就我们。

——王尔德

习惯比天性更顽固。

——昆图斯

习惯是人类生活最有力的向导。

——休谟

习闲成懒，习懒成病。

——颜之推

我们看到一种风俗只要起了头，就能继续流行，因为它的基本精神是那种巨大的力量——信念；由于穷年累月的惯例和长期的风俗习惯，信念达到了顶点，能够产生惊人的效果。

——马克·吐温

只要能够掌握思想，养成正确的习惯，就可以掌握自己的命运，而且每个人都可以做到。

——拿破仑

能够自由地形成习惯的人，在一生中能够做更多的事。习惯是技术性的，因此可以自由地形成。

——三木清

事实上一切教育归根结底都是为了培养人的良好习惯。

——约翰·洛克

习惯是人的第二本性。它使我们不能熟悉一个人的主要本性，就这一点而言，习惯既不残忍也不迷人。

——普鲁斯特